近代中日關係史料彙編
滿洲國的成立與國聯對日本侵華的處理

Historical Documents on Modern Sino-Japanese Relations

The Creation of Manchukuo and the League of Nations Reaction to the Japanese Invasion of China

近代中日關係史料彙編 總序

呂芳上
民國歷史文化學社社長

一

　　日本是中國的近鄰，也是強鄰，中日之間一衣帶水，本應唇齒相依，共營孫中山的大亞洲主義，互助互榮；也大可以在一念之間，分出蔣介石所規勸的敵乎友乎，和睦共處，以臻東亞大同境界。但日本國力強大之後，不此之圖，選擇走向侵略、走向戰爭，對鄰邦由蠶食而鯨吞，結果釀成的是你傷我殘的悲劇。

　　中日關係的發展，遠的不提，辛亥革命時，日本原有干涉意圖不果，改採兩面外交，著重者在滿洲特殊權益。1914 年一戰爆發，次年日方即向袁政府提出二十一條要求，嚴重妨礙中日正常外交的推進。二十一條交涉甫告段落，日本又為洪憲帝制，蛇鼠兩端，迫得袁世凱含恨以終。其後復對北洋政府在參戰、借款問題及和會、山東問題上，施其詭譎伎倆，導致五四運動的發生。1921 年的華盛頓會議，九國公約中，日本雖在特殊利益上，沒獲多大斬獲，但日本遍及東北、華北的軍事部署，其有恃無恐、肆意在華

擴張的野心，已相當明顯。

1926 年，在南方的國民革命軍，揮師北指，很快的統一中國，這不是對中國抱持野心的日本所樂見的事，於是中日關係走入新的階段。

二

1920 年代初期，在南方的國民黨勢力崛起，1926 年國民政府開府廣州，接著北伐，1927 年定都南京，於是中國對內、對外新局面形成。1927 至1952 年間，自北伐後中日談判重訂關稅、出兵山東開始，中經九一八、上海事件、華北事變、蘆溝橋事變，以迄戰爭結束、簽訂和約，具見日本以強國步步進逼，盛氣凌人，中國則以弱勢對應，先是退讓、容忍，終以干戈相見，最後日本以敗戰自食惡果。

1961 年，逢中華民國建國五十年，民間各界特別組成「中華民國開國五十年文獻編纂委員會」，負責出版各類叢書，其中之一是1964 年至1966 年以「中華民國外交問題研究會」為名編印之《中日外交史料叢編》一套九種。這套《叢編》基本上以國民政府外交檔案為主，北京政府外交檔案為輔編成。雖不能對兩國從文爭到武鬥的材料，作鉅細靡遺的羅列，但對兩國關係的重大起伏，實已提供學界深入研究的基礎史料。本社鑒於這套《叢編》對近代中日關係具有很高的史料價值，除聘請學者專家新編「華北事變」資料專輯附入外，特別以《中日外交史料叢編》九種為基礎，重新增刪並編輯彙成《近代中日關係史料彙編》

（以下簡稱《彙編》），以方便學界利用。

三

這套《彙編》，共含十五個主題概分為十七冊，包含約四千種文獻、三百萬字：一、《一九三〇年代的華北特殊化》本社最新輯編本，分三冊，由黃自進、陳佑慎、蘇聖雄主編，除利用外交部檔案外，並加入國史館庋藏之蔣中正總統文物相關史料。主要內容，包括長城戰役與塘沽協定（1933）、通航、通車、通郵交涉（1934）、華北特殊化與華北自治運動（1933-1935）、河北事件與南京政府退出華北（1935）、宋哲元與冀察政權（1935）、中日國交調整（1933-1935）、全面戰爭的前奏（1936）等，這三本資料集希望以豐富史料，重新探索1930年代中日、內外各方勢力競逐下的華北問題。二、《國民政府北伐後中日外交關係》19世紀中葉以後，西方勢力進入中國，因國力懸殊，中國頓成列強瓜分角逐場所，不平等條約既是帝國主義勢力的依憑，也是中國近代民族主義油然而生的根由。廢除不平等條約既是國民革命目標，北伐後爭取國際地位平等是國民政府外交努力的方向，也是中國與列強爭執的焦點。這本資料集可以看出中日雙方為長期的、偶發的政策或事件，形成外交角力的過程。主要內容有：國民政府定都南京後外交政策宣言（1927）、日本退還庚款及運用交涉（1929-1931）及中日重訂關稅協定（1926-1935）、

萬寶山事件與中村事件（1931-1932）均與日本有關。
三、《國民政府北伐後中日直接衝突》北伐進行過程
中，發生若干涉外事件，本冊所輯南京事件（1927-
1934）、漢口事件（1927-1931）、日本第一、二次
出兵山東（1927-1929）、。四、《九一八事變的發
生與中國的反應》侵略滿蒙，進而兼併中國，是日本
大陸政策的目標，甲午戰爭、日俄戰爭均是向外擴張
的北進政策，1931年的瀋陽事變是日本北進的高峰，
更是二次大戰前奏。當時政府為應付嚴重變局，特在
中央政治會議內成立「特種外交委員會」，自1931年
9月至12月，共召開五十九次會議，本冊收錄了這一
重要會議的會議紀錄。五、《九一八事變後日本對華
的破壞與侵逼》九一八事變之後，日本侵華腳步未曾
停止，所謂「得寸進尺」差可形容，本冊所輯資料，
重在日軍繼續挑釁（1932-1933）、日軍暴行與中國
損失（1931-1933）、日本在東北破壞中國行政權完
整（1932）。六、《日軍侵犯上海與進攻華北》1932
年，日本藉口上海排斥日貨，嗾使日本浪人及海軍陸
戰隊滋事，毆人縱火、殺死華警。上海市府提出抗
議，日領反稱日本和尚五人被毆，提出反抗議，要求
中方道歉、賠償、懲兇、制止反日行動。1月28日，
日方迫令中國軍隊退出閘北，隨即向中方開火，是為
淞滬戰役。歷時月餘，5月初始成立停戰協定。事實
上，九一八事變後，日軍節節進迫，進攻熱河，侵擾
察冀，無底於止；中方則忍辱負重，地方飽受戰火蹂
躪，中央遭受輿論撻伐，中日關係瀕臨破裂。本資料

集收錄日軍侵犯上海之一二八事變（1932）、進犯熱河（1932-1935）、侵擾察冀及河北事件致有「塘沽協定」，及所謂「何梅協定」（1933-1935）等文件的簽訂。七、《蘆溝橋事變前後的中日外交關係》廣義的第二次中日戰爭，始於1931年九一八事變，止於1945年日本投降。十四年間又可分為兩階段：九一八至七七（1931-1937）中國是屬備戰、局部抵抗時期，日方是侵犯、挑釁期；七七之後中國是全面抗戰，日方則陷入戰爭泥沼期。前六年中日關係有戰有和，中方出於容忍、訴諸國際調停者多，後八年中方前四年獨立作戰，後四年與盟國協同作戰，對內對外，對敵對友的諸多交涉，交件中充分顯示戰前與戰爭外交的複雜面貌。本冊主要內容包含：（一）七七事變前的中日交涉（1934-1937），涉及廣田三原則、共同防共及滿洲國承認問題。（二）事變前日方的挑釁（1934-1936），又包括藏本事件、香河事件、成都事件、日人間諜行為等。（三）從七七到八一三（1937-1938），指的是全面抗戰爆發前後的中日衝突，例如蘆溝橋事變的發生、交涉、日本中國撤僑、八一三虹橋事件及戰事發展等。八、《蘆溝橋事變發生後中國向國際的申訴》七七事變後中日軍事衝突加劇，但鑒於雙方勢力懸殊，中國仍寄望透過國際干涉以制止日本侵華野心。本冊文件集中在中國向國聯控訴日本侵略（1937）。內容包括是年9月13日中國向國聯提出對日控訴始末。其間涉及國際間聲援、九國公約會議種種相關資料。九、《滿洲國的成立與國聯對日本侵

華的處理》1931 年九一八事變後，因國聯不能有效制
裁日本的侵略行動，日本乃放膽實施侵吞中國計畫，
一方取速戰速決之策，以亡中國；一方為掩人耳目，
實行以華制華之計，製造傀儡組織。1932 年滿洲國之
成立到1938 年扶植汪偽，均此之圖。本集主要內容有
偽滿洲國的成立經過（1932-1935）；中國控訴、國聯
之處理（1931-1933）。十、《偽組織的建立與各國
態度》本冊文件集中在華北自治問題（1935-1937）
及南京偽政權（1938-1943）之醞釀與成立。十一、
《抗戰時期封鎖與禁運事件》戰爭發生後，可注意的
事有三，一是受戰爭影響的敵境及海外華人權益維護
問題、敵僑處理及外僑保護，二是敵人對鄰近地區的
禁運、控制，三是盟國以自身利益出發的措施如何影
響中國。大抵言之，國民政府與同盟國結盟，提升了
國際地位，也保障戰後國際角色的演出。不過，同
盟關係也有摩擦和困擾，例如美國中立法案（1939-
1941）、英國封鎖緬甸運輸通路（1940）對中國造成
的損害。本集資料內容即包括：一、戰時中國政府的
護僑、護產措施；二、日本對東南亞的控制，如越南
禁運、封鎖緬甸、控制泰國；三、美國中立法案、禁
運法案及與日使野村談判；四、1940 到1945 年間日蘇
關係的轉變等。十二、《日本投降與中蘇交涉》1945
年 8 月14 日，日本投降，上距七七有八年，距九一八
為時十四年，距甲午之戰五十一年，「舉凡五十年間
日本所鯨吞蠶食於我國家者，至是悉備圖籍獻還。全
勝之局，秦漢以來所未也」。中國戰勝意義自是重

大，但蔣中正委員長在當天廣播中，則不無憂慮的指
出：「抗戰是勝利了，但是還不能算是最後的勝利。」
顯然國共關係惡化、戰犯處置之外，東北接收與中蘇
交涉等棘手問題，均將一一出現。本集資料重在日本
投降經過，接收東北、接收旅大與中蘇交涉，張莘夫
被害案（1945-1947）。十三、《戰爭賠償與戰犯處
理》包含1943年同盟國準備成立戰爭罪行調查會至
1948年中國戰犯處理委會工作報告相關文件。十四、
《金山和約與中日和約的關係》交戰雙方和約簽訂，
戰爭才算結束。中華民國對日和約，遲至1952年日
降後六年又八個月才在臺北簽字，原因涉及戰後中國
變局。1945年日本敗降，1949年12月，中國共產黨
勢力席捲大陸，中華民國政府退守臺灣，這時蘇聯在
東亞勢力擴張，國際局勢鉅變，戰勝的中、美、英、
蘇、法五強，對東亞新秩序的建立，有複雜考量，同
盟52國在舊金山召開對日和會，直到1951年9月8日，
才有蘇、波、捷之外的49國參與簽訂的金山和約。
當時中華民國未獲邀參加，次年（1952）4月28月在
臺北正式簽訂中華民國對日和約，結束了中華民國與
日本的戰爭狀態。由於戰後美國在東亞扮演舉足輕重
的角色，因此也可看到中、美、日三方外交穿梭的足
跡。本集資料主要有一、中國對金山和約立場表示
（1950-1952）與金山和約的簽訂；二、中日雙邊和約
前的籌議，包括美方意向、實施範圍、中日雙邊交涉
及名稱問題的討論。十五、《中華民國對日和約》二
戰結束後，冷戰接踵而來，1949年後中國形成一國兩

府的分裂局面，蘇、英、美對誰能代表中國與日本簽
訂和約有分歧看法，1950 年韓戰爆發，英、美獲得妥
協，同盟國對日舊金山和會不邀中國參加，在美方折
衝下，日本決定與中華民國政府商訂雙邊條約。1952
年2 月，日代表河田烈與中華民國外交部長葉公超在
臺北磋商，最後雙方簽訂「中華民國與日本國間和平
條約」，雙方互換大使，直到1972 年9 月，遷移臺灣
的中華民國政府與日本維持了約二十年的正式外交關
係。這本資料集彙聚雙邊和會的一次籌備會、十八次
非正式會議及三次正式會議紀錄，完整呈現整個會議
自籌備至締約的過程，史料價值極高。

四

　　如果說抗日戰爭是八年，那麼九一八後的六年是
中國忍氣吞聲、一再退讓的隱忍時期，七七事變應是
中國人吃盡苦頭、退無可退的情況下，為求生存而奮
起的開端，此後的九十七個月，在烽火下的中國百
姓，過的何止漫漫長夜。八年中前五十三個月，中國
孤軍奮鬥，後四年才有盟軍並肩作戰，其間大小戰鬥
無數，國軍確實是勝少敗多，即使勝利前多，說國命
堪危也不為過。這次戰爭，日本固然掉入難以自拔的
泥潭，中華民國政府也在獲得遍體鱗傷的「皮洛式勝
利」（Pyrrhic Victory）後，隨即江山易色，勝利者反
變成另一場戰爭的失敗者，其後政局的演變，似乎不
容易給史家，從容寫出恰如其份的抗戰史來。

　　1970 到1990 年代，中研院近史所曾利用庫藏外

交部檔案，出版過民國時期「中日關係史料」十五種
二十一冊，選題時間範圍只限於北京政府時期（1912-
1928）。本社出版這套《彙編》，正好延續了其後國
民政府的時段。這個時段提供了局面更為複雜的交
涉、戰鼓不斷、煙硝不熄的中日關係發展史料。

　　有了新史料，就會有新議題，就可期待史家新研
究成果的出現。我們出版史料的初衷是如此。

編輯凡例

一、本書原件為俗體字、異體字者，改為正體字；無法
　　識別者，則以□符號表示；挪抬及平抬一律從略。

二、本書排版格式採用橫排，惟原文中提及如左如右
　　等文字皆不予更改。

三、本書依照原件，原文中提及「偽」、「逆」等文
　　字皆不予更改。

四、以上若有未盡之處，敬祈方家指正。

目錄

第一章
滿洲國

第一章　滿洲國

第一節　日本製造滿洲國的經過

一　製造偽組織前的醞釀

茲將偽滿成立前的醞釀日及期事實列表，以便閱覽。

日期	事實	備考
民國二十年 九月十八日	日軍開始佔據我瀋陽各機關，並繳我軍警槍械。	
九月二十一日	佔據吉林各官署，並強迫吉林代理省政府主席熙洽改組省政府，脫離我中華民國獨立。	
九月二十二日	日憲兵拘捕我遼省要人臧式毅、金毓紱。日軍並派土肥原賢二為奉天市長。	
十月二十四日	日關東司令派鼻原、須塚二員通知黑龍江馬代主席占山，公言助張海鵬獨立。	
十一月四日	瀋陽日人召集會議，決議由地方維持會執行遼省政權，宣布與中央脫離關係。	
十一月六日	日關東司令派林義秀要求馬占山將黑省政權讓與張海鵬，組織地方維持會。	
十一月八日	林義秀通告馬占山要求立即下野，將政權將與張海鵬。	
十一月十一日	土肥原由天津將溥儀挾往大連。	
十一月十二日	林義秀奉關東司令命要求馬占山下野。	
十一月十五日	日令袁金鎧代行遼寧省政府職權。	
同日	日關東司令派白屋要求黑省即時宣布獨立。	
十一月十九日	日軍佔領龍江，並佔據我各官署。擁戴溥儀為偽組織第一任執政。溥儀接受，偽省都決定設於長春。	
十一月二十日	日軍嗾使張景惠赴黑組織新政權。	
十一月二十八日	日嗾使張景惠組織接收黑省委員會。	
十二月七日	日坂垣晤馬占山要求宣布脫離中央，交出黑省政權。	
十二月八日	瀋陽地方維持會秉承日方意旨，改遼寧為奉天。	
十二月十日	日嗾使張景惠勸誘馬占山獨立。	
十二月十五日	日嗾使趙欣伯勸臧式毅出任遼寧省偽省長。	
十二月十八日	臧式毅就偽省長職。	
十二月二十日	日軍陸大臣南次郎由東京赴瀋陽，並談稱樹立東北新政權為當面最重要問題。	
民國二十一年 一月六日	南次郎自東北回抵門司，公然主張滿洲獨立。	

日期	事實	備考
一月十五日	日人與叛逆協議偽獨立組織及其人選。	
一月十九日	本庄、內田奉日政府令與叛逆討論組織偽組織，擬舉行新國家建設審議會。	
二月十五日	瀋陽日人與叛逆舉行建國會議，決定偽組織首領稱執政，並定為終身制，同時由趙欣伯起草建國宣言。	
二月十八日	偽建國會議閉幕。	
二月十九日	叛逆張景惠、臧式毅等決定三月一日成立偽組織。	
二月二十二日	張景惠訪溥儀，即以東北行政委員會長名義擁戴溥儀為偽組織第一任執政。溥儀接受，偽首都決定設於長春。	

二　製造偽滿的過程

日人製造偽滿的過程，亦列表於左：

日期	事實	備考
民國二十一年三月一日	日人嗾使叛逆張景惠等發表偽組織建國宣言。	
三月八日	日關東廳森本警務科長、長尾憲兵中佐等，將溥儀由湯崗子押往長春。	
同日	溥儀過瀋陽時，本庄派三宅參謀長等到站歡迎。	
三月九日	偽組織舉行建國典禮，日方參加者，有本庄關東司令官、板垣參謀、駒井特務部長、森獨立守備隊司令官、二宮憲兵隊長、小林海軍少將、山岡關東長官、滿鐵正副總裁及其他二百餘人。	
三月十一日	偽組織向日要求借款二千萬元，關東軍參謀石原赴東京為之接洽。	
同日	日閣議決定對偽組織暫採取事實上承認之方針。	
三月十二日	本庄晤馬占山，有重要會商。	
三月十三日	日派駒井德三為偽組織國務院總務長官。	
三月十九日	日政府照復我國政府稱：同情偽組織。	
三月二十一日	日政府照復偽組織稱：歡迎新政府之前途。	
三月二十四日	日人原武就偽吉林省政府總務廳長。	
四月一日	日閣議決定令朝鮮銀行等特殊會社借款與偽組織。	
四月二日	日三菱、三井兩會社派員歷訪高橋藏相、荒木陸相、犬養首相商議借款與偽組織事，頗得贊許。	

日期	事實	備考
四月五日	日閣議上高橋報告，對偽組織借款事要求閣員諒解，並經荒木陸相、秦拓相、芳澤外相等與犬養首相商定，由朝鮮銀行通融二千萬元。	借款條件：（一）以鹽餘為擔保；（二）期限五年；（三）分五年償還；（四）年利五分。
四月七日	朝鮮銀行提交偽組織借款一千萬元。	
四月十日	本庄因馬占山反正，將偽組織中要人監視，並令藏、熙等將妻子送至瀋陽為質。	
四月十一日	日政府照會國聯，自承認為偽組織後盾。	
四月十三日	日內務省警察講習所收容偽組織所派遣之留學生二十四名。	
四月二十二日	偽組織正式任命日關東軍特務統治部長駒井德三為偽國務院總務長官，駐哈總領事大橋忠一為偽外交部總務司長，關東廳財務課長阪谷希一為偽財政部總務司長，奉天憲兵分隊長三谷清為偽奉天省公署警務廳長。	
四月二十六日	滿鐵長春站長森田成之等二十餘人，分任偽組織各部院要職。	
五月七日	日人山成喬六任偽中央銀行副總裁。	
六月五日	本庄晤謝介石，商議承認偽組織及日滿根本問題。	
六月六日	日關東廳山岡長官勸齋藤速承認偽組織。	
六月七日	本庄電請日政府承認偽組織。	
六月十二日	內田會見齋藤，請即時承認偽組織，並發表談話，謂承認偽組織不抵觸九國協約。	
六月十四日	日眾議院通過承認滿洲偽組織決議案。	
六月二十日	日人大橋忠一升任偽外交次長。	
六月二十二日	日齋藤首相、高橋藏相、永田市長、一木宮相等，接見偽組織使節于靜遠、夏文運等。	
六月二十四日	東京市政府歡迎偽組織所派之少女使節。	
六月二十五日	謝逆介石晤內田，商議日偽間之根本問題，並要求日本予以承認。	
六月二十六日	駒井晤內田，商議承認偽組織問題。	
六月二十九日	荒木晤齋藤，決定承認偽組織。	
七月一日	偽組織代表丁鑑修抵東京，荒木設宴歡迎，並談稱日人決排除萬難擁護滿洲。	
七月二日	齋藤、荒木、高橋、鳩山等，正式會見偽組織代表丁鑑修。	
七月九日	日貴族院議員土方寧等，招集即時承認偽組織國民大會。	
同日	荒木晤國聯調查團，表示承認偽組織之獨立，並予以援助之決意。	

日期	事實	備考
七月十三日	內田晤國聯調查團，宣明承認偽組織之決意與理由。	
七月十四日	國聯調查團晤內田，內田稱日本有承認偽組織之自由，並稱承認偽組織不違反九國協約。	
七月二十五日	偽組織成立協和會，本庄任名譽顧問，板垣大佐、片倉大尉任名譽理事。	
七月二十六日	日閣議決定派駐偽組織臨時特命全權大使，並得日皇批准。	
七月二十七日	日政府決定任命陸軍中將筑紫熊七，為偽組織參議府軍事參議樞密顧問，官水町袈裟六為偽組織財政參議。	
七月二十九日	偽國務院總務長官駒井德三赴東京，與日政府會商要公。	
七月三十日	駒井晤荒木、小磯等，報告偽組織狀況。	
八月六日	日關東長官山岡萬之助任偽組織顧問，並稱雖為滿洲國顧問，但當為國家盡力。	
同日	日外務、陸軍兩省會議決定，任武藤信義為駐偽組織大使，並向各國聲明日本已事實上承認偽組織。	
八月七日	本庄電日陸軍省，懇請即時承認偽組織。	
八月八日	日政府正式任命武藤為駐偽組織大使。	
同日	駒井晤齋藤，報告偽組織情形，並交換意見。	
八月十二日	日閣議討論承認偽組織問題。	
八月十七日	日外務省發表聲明，解釋派遣駐偽組織大使，並非在法律上承認偽組織。	
八月二十日	武藤等由東京出發赴任，並談稱解決滿蒙問題為大和民族天賦之使命。	
同日	日指定鮑逆觀察偽組織駐日全權。	
八月二十三日	日關東廳內務局長三浦碌郎任偽吉林省總務廳長。	
八月二十五日	齋藤、內田在貴族院演說稱：日本政府不日即承認偽組織。	
八月二十六日	武藤、小磯等抵瀋。	
九月六日	日閣議決定承認偽組織之準備事項，經日皇批准，令板垣送交武藤。	
九月十三日	日樞密院本會議在日皇親臨之下，通過承認偽組織案。	
同日	日皇批准承認偽組織案，內田即電令武藤赴長春簽訂日滿議定書。	
九月十四日	武藤率小磯等二十七人抵長春。	

日期	事實	備考
九月十五日	上午十時半武藤與偽組織國總理鄭孝胥簽訂議定書，共計二條下午四時日政府將該議定書公布，並發表宣言正式承認偽組織。	議定書三條如下： （一）在日滿兩國間未另訂約款之前，滿洲國對於在滿洲國領土內日本國，或日本國臣民依據既存之日華兩方間之條約協定，其他約款及公私契約所有之一切權利利益，即在確認尊重之。 （二）滿洲國及日本國確認，對於締約國一方之領土及治安之一切脅威，同時亦為對於締約國他方之安寧，及存立之脅威，相約兩國共同當防衛國家之任，為此所要之日本國軍駐紮於滿洲國內。

三　日人攫取東北鹽稅郵政及關稅

（一）鹽稅

日期	事實	備考
民國二十年九月十九日	日軍人到遼寧鹽務稽核分所繳去守衛警槍械，監視一切鹽款。	
十月三十日	日軍官到遼寧鹽務稽核分所，將存款六十七萬二千七百〇九元五角六分強行提去。	
十一月六日	日人山田茂二等在吉黑榷運局強提鹽款，計哈洋二十六萬九千五百九十元〇〇八分。	
十一月二十三日	日人山田茂二及陸軍二等主計官森武夫，在遼寧鹽務稽核分所強提鹽款九萬四千四百八十七元五角二分。	
十二月三日	日人在營口中國銀行強提吉、黑所存鹽款一百七十三萬九千四百二十元。	
民國二十一年三月二十八日	日人二名率同華人四名至遼寧鹽務稽核分所，迫令移交偽組織管理。	
四月十五日	日人一名率華人數名及鹽警二十餘人，將遼寧鹽務稽核分所佔據，並佔據各分局。	

（二）郵權

日期	事實		備考
民國二十一年四月一日	日人唆使偽組織派員至遼寧郵務局，要求接收。		
同日	日人田中勘吾等至吉黑郵務局強迫接收。		
四月二日	偽組織交通部電遼寧郵務局長巴立地，將熱河省郵權歸該局管轄。		
四月二十日	偽組織令東北郵局改稱偽組織大同年號。		
五月二十七日	日人槍殺額穆郵務局長楊甲辰。		
六月十日報告	日方在瀋陽日車站青葉町設郵局一所，辦理郵政、電報及電話。		
六月十六日	日交通局長藤原任偽組織郵務局長。		
七月十六日	偽組織派員強迫接收東北郵政。		
七月十九日報告	偽組織派日籍郵務監察官及視察員多人。		
七月二十四日	青島日人自辦郵務兼理滙兌。		
七月二十五日	我國於二十三日封鎖東北郵政後，日方決定辦法，援助偽組織。	援助辦法如下：（一）南滿方面郵件由日本郵局辦理，北滿方面郵件則在哈爾濱設置郵局辦理。（二）對華滙兌則改正關東廳郵便局條令，由日郵局辦理。	
七月二十七日	上海日人開始自行辦理郵務，交日輪運往大連發送。		
七月二十八日	天津日工部局自行辦理郵務，照日方郵價收費。		
八月一日	偽組織實行貼用偽郵票。		
八月一日報告	日電政局通知國際電政公會，代偽組織轉電。		
八月一日	北平日人私設臨時郵局，貼用日本郵票。		
八月六日報告	瀋陽日警監視郵局人員，並包圍局長住宅。		
八月十一日	日瀋陽電局開始代偽組織轉電。		
八月十九日	日軍用武力威迫榆關郵局收偽郵件，局長被毆傷拘捕。		

（二）關稅

日期	事實	備考
民國二十一年三月二十八日報告	安東、營口、哈爾濱各海關顧問日人率東三省官銀錢號職員，迫令中國銀行自三月二十六日起，將所存一切稅款，提交官銀錢號。	
六月十九日	偽組織日本顧問將安東海關存於中國銀行之稅款，強行提去。	

日期	事實	備考
六月二十日	偽組織日本顧問將營口海關存於中國銀行之稅款，強行提去。	
六月二十二日	日方令日籍稅務司福本停滙稅款。	
六月二十八日	安東及滿洲里海關，被日人率偽組織人員強迫接收。	
六月二十九日	龍井村及哈爾濱海關，被日人率偽組織人員強迫接收。	
九月四日	日人將安東稅關餘款，強行提去。	

第二節　日本承認滿洲國前中國所採的對策

一　中國駐日全權公使的嚴正聲明

蔣作賓東京來電

民國二十年十月一日

南京外交部，並呈蔣主席鈞鑒：東省組織獨立政府，破壞中國領土，經備文向日方聲明，日政府在未撤兵前對此應負全責，准復稱：日軍因自衛佔據關東地外，各地自始未施行軍政，並嚴禁日人獎勵支持或參預華人樹立政權之策動，對此不負任何責任，現日軍正隨地方維持治安機關完備，逐漸撤回附屬地內，對於成立此項機關乃所歡迎等語。除原文另抄寄外，特聞。祈轉副司令。賓，一日。

駐日本特命全權公使蔣作賓電呈外交部

民國二十年十月九日

為呈報事，東省地方企圖建設獨立政府一事，業於九月

二十八日電呈，一面備具節略向日本外務省聲明，在未撤兵前，日政府對此應負全責，茲准文復前來，除摘要電呈外，理合備文錄同來往文件，呈請察核。謹呈外交部。

駐日本特命全權公使　蔣作賓

附來往原文抄稿兩件。

節略

據報載：敝國東省地方有企圖建設獨立政府之組織，此種破壞中華民國領土之舉動，在貴國軍隊未撤退以前，敝國政府無從制止，貴國政府應負完全之責，即請貴大臣查照。並希見復為荷。

照譯外務省亞一普通八一號節略

駐日中華民國公使館泰字第二五號節略，帝國外務省業經收到。此次日本軍雖為自衛措置，一時於滿洲地方占據日本鐵道附屬地外之若干地點，然正隨最近中國方面地方的治安維持機關之完備，而逐次集結於鐵道附屬地內，且於此等地點，自始並未施行軍政。又帝國政府鑑於目下時局，對於中國人樹立政權之策動，早經嚴禁帝國文武官與以任何獎勵或支持，並盡一切合法手段，取締本國人參預此種策動，是以帝國政府在任何意味上，對此項中國人之策動，不在負任何責任之地位。至於成立局部的治安維持機關一層，當此滿洲地方匪賊跳梁現狀之下，為計圖恢復該地方治安及增加內外住民之安全，使日本軍容易集結於附屬地起見，乃帝國政府所歡迎也。

二　外交部發表宣言

外交部對東三省所謂獨立運動之宣言

民國二十一年二月二十一日

東三省向為中國領土之一部，凡有僭越或干涉該地之行政權者，即為直接侵害中國領土與行政權之完整。查民國十七年十月四日國民政府組織法第一條規定：「國民政府總攬中華民國之治權」，復查民國二十年六月一日公布之中華民國訓政時期約法，其第一條明白規定：「中華民國領土，為各省及蒙古、西藏」，其第三條且進而規定：「中華民國永為統一共和國。」凡此根本大法，均曾在東三省及其他中國各省正式頒布者也。

更進就國際法言之，則領土主權與行政之完整，要為一切主權國家所必具之要素。而中國領土主權與行政之完整，則復經國聯盟約第十條及九國公約第一條所保證。不第此也，去歲九月三十日國聯行政院關於東案決議之第二項，即稱：「日本政府宣言對滿洲無領土野心，行政院認為重要。」其第五項復申稱：「行政院……知悉中日雙方代表已給保證，謂雙方政府將採取一切必要之步驟，以防止事件之擴大及形勢之更加嚴重。」此項決議，固為日本所接受者。嗣後，十月二十四日行政院第二次決議之第三項，及十二月十日行政院第三次決議，均曾將上旨，反覆申述。十二月十日之決議，固又為日本所接受。其時中國代表，且曾為下列之聲明：「中國對於日本之一切計畫意欲引起政治性之糾紛，以影響中國領土行政之完整（如鼓動滿洲獨立運動）者，均將認為違犯其避免形勢加重之承諾。」

乃日本當局，不顧一切法律、國際協定與國際信義，於非法侵佔東省後，更謀在該處建立所謂獨立政府，且竭其全力，強迫中國人民違反其個人之自由意志，以參加此種傀儡之組織。

國民政府對於日本此種不法之舉動，已曾屢次為鄭重之抗議。今特再行宣言：凡東三省或其一部份之分離或獨立，與夫東三省內之一切行政組織，未經國民政府授權或同意者，一律否認之。

三　抗議照會與日方的辯解

致日本公使照會

民國二十一年二月二十三日

為照會事，近日據報：在日軍侵佔中之東北各地有所謂獨立運動之積極醞釀，而國聯行政院二月十九日開會時，日本代表佐藤竟聲稱日本對於東三省獨立運動頗表同情，並予以贊助等語。查東三省向為中國領土之一部，中國政府曾於上年十月二日正式聲明，在日軍未正式交還其所佔領各地方城市以前，當地如有不合法之組織，日本政府應負其責，中國概不承認，並屢次向貴國為鄭重之抗議在案。又查上年九月二十七日，駐東京中國公使館丁秘書為東省建立中和國事，往晤谷亞細亞局長。據稱，已嚴禁日人參預，否則驅逐出境。嗣蔣公使關於滿蒙建國計畫事，又備文向貴國政府聲明：日政府在未撤兵前，對此應負全責，准復稱嚴禁日人獎勵支持或參預華人樹立政權之策動等語。乃近日所謂東省獨立運動之陰謀，較前益為顯著，而日本代表佐藤竟公然自

承日本贊助此種非法運動，似此違反貴國外交當局之聲
明，破壞中國領土行政之完整，中國政府絕對不能承認
所有自日軍非法侵佔東北各地後在該處建立所謂獨立或
自主政府之舉動，及令中國人民參加此種傀儡之組織，
日本政府應負完全責任，相應再行提出嚴重抗議。照會
貴公使，即希查照為荷，須至照會者。

日本駐華公使館復外交部照會

民國二十一年二月二十八日

為照復事，接准二月二十四日來照，所指關於所謂滿洲
獨立運動一節，業經閱悉。查滿洲各地所謂獨立運動
者，應視為係一向不滿該處政治情形之貴國人所為之
事。敝國政府及官員並無何等關係，茲特說明。又准來
照，以二月十九日佐藤代表在國聯行政院宣稱日本對於
東三省之獨立運動具有同情等因。查敝處未接詳報，假
令上項情形屬實，其意諒亦不外表示上述滿洲各地成立
自治運動，其發達之結果，使該處地方治安得以恢復，
當地居民及外僑免受驚擾，為日本所歡迎，並非表示日
本政府對於上項運動有若何之關係也。相應照復貴部長
查照為荷，須至照會者。國民政府外交部長羅。

　　　　　　　　日本帝國特命全權公使　重光葵
　　　　　　　　昭和七年二月二十八日

致日本公使照會

民國二十一年三月十一日

為照會事，准二月二十八日來照，對於本部二月二十四

日抗議日本贊助所謂東三省獨立運動去照，多所聲辯。茲再以本案之真相，表明貴國政府及官員應負之責任。查上年九月十八日以前，中國政府任命軍民長官，在東三省行使職權，中外人民，安居樂業，從無驚擾之事。自九月十八日以後，日軍非法侵佔東北各地，在東省強樹軍權，推翻中國行政機關，令中國人為非法之組織，其偽省政府及其所屬財政、交通等各偽機關之領袖，雖屬華人，但其就偽職，實由貴國政府及官員所威脅。間有少數叛徒，亦係受嗾使，完全為貴國政府及官員所利用。而各偽機關實權則皆操諸所謂顧問諮議之手，該顧問諮議又全係貴國人，均為貴國政府及官員所派定。貴國方面復派員將廢清帝溥儀由天津挾持赴東，竟於本月九日就偽職，成立傀儡政府，足徵貴國政府及官員，對於上述非法舉動，不僅如佐藤代表在國聯行政院所稱予以贊助而已，且實為其主動者。此為舉世所知，不容掩飾之真確事實。乃來照謂與之並無何等關係，實屬欲蓋彌彰。佐藤代表在國聯行政院宣稱日本政府贊助所謂東三省獨立之運動之不合，已於二月二十四日去照詳切聲明，而上年九月十八日以前，東三省居民及外僑之安全，中國政府任命軍民長官保護周至，無可訾議。茲來照復有所藉口，以為佐藤代表所言之辯護，是欲諉卸九月十八日以後日軍糜爛東三省各地之責任也，尤屬不合。總之，日軍非法侵佔東北各地，顯係破壞中國領土行政之完整，故在該項日軍未撤退期間，中國政府對於在該處建立所謂獨立或自主政府之舉動，及令中國人民參加此種傀儡之組織，仍絕對不能承認，應由貴國政府

負其全責。相應再行照會貴公使查照，須至照會者。

日本駐華公使館外交部照會

民國二十一年三月二十一日

為照復事，接准本月十日來照稱，關於所謂滿洲獨立運動一節，業經閱悉。查日本政府及其官吏對於此節並無何種關係，已由本公使於上月二十八日照復在案。聞最近該地已變更行政組織，與日本政府毫無關涉，自不待言。而貴部長來照，則對於前次情形詆及日本政府之態度，且欲詰其責任，此為本公使所難索解者也。來照所指各點，不過臆測之詞，全與事實相反，我方完全不能承認上述情形。本年三月十九日，業由外務省答復貴國駐日公使館三月一日公文詳述一切矣。相應照復貴部長。即請查照為荷，須至照會者，國民政府外交部長羅。

日本帝國特命全權公使　重光葵

昭和七年三月二十一日

江華本東京來電

民國二十一年三月二十日

南京外交部部、次長鈞鑒：日本對於三月一日本館抗議照會，本日照復，大要謂：滿洲獨立純出自決，日本既不關與，自不負何責任。惟日本政府對於滿洲政情推移，甚為關心，該獨立政府如尊重日本在滿權益，日本政府自予以同情。二月十九日佐藤代表在行政院所述，不外斯基礎。至謂該代表曾謂日本贊助東三省獨立運動

云云,並無其事等因。除原文已另抄寄外,謹電陳示
遵。華本叩,十九日。

日本外務省致華駐日使館照會

民國二十一年三月十九日

為照復事,接准本年三月一日貴公使館照會,業經閱
悉。來照以滿洲政局之發展,斷定為帝國政府責任,此
節實難承認。查日前滿洲事變驟起,主持東北舊政權之
重要官吏,幾已悉數逃亡,地方治安無人負責維持,遂
由滿洲各地中國重要人士組織維持會,並以其他方法擔
任維持治安之急務。此等中國重要人士維持治安之努
力,似係湊合滿洲對中國本部之特異性質,及滿洲一般
人民對於歷來當地軍閥政治之反感,而化為滿洲獨立運
動。前省長等似為此種運動之主腦,正在努力求其實
現,最近乃有宣言獨立之事。帝國政府慮及在滿權利利
益重大,對於上述中國重要人士之努力維持治安,欣表
同情。同時,對於此等要人各種政治活動,則抱定不聞
問之方針,業於上年十月一日,以聲明書答復貴館九月
二十九日之聲明在案。九月二十七日由亞細亞局谷局長
面告貴館丁秘書之語,與該聲明書之意旨,亦復相同。
要之,此次在滿洲成立之獨立政府,純出於中國人之自
決,帝國政府對之並無任何關係,自不應負何責任,為
理所當然。惟帝國政府對於滿洲政局之推移,甚為關
心,倘該獨立政府尊重帝國在滿洲之權利利益,則予以
同情。二月十九日佐藤代表在行政院所述,亦不外此
意,至該代表曾謂日本贊助東三省獨立運動云云,並無

其事。相應照復貴館查照。須至照會者。

昭和七年三月十九日

四　中國表示絕不承認一切非法組織

駐日使館照會日外務省

民國二十一年三月二十四日

為照會事，接准三月十九日貴大臣照會，閱悉一是，當經呈報本國政府。茲奉外交部電令，再向貴大臣聲明如下：

自上年九月十八日以後，日軍非法侵佔中國東北各地，推翻中國行政機關，利用少數不良分子，威脅利誘，使為非法之組織，其所成立之偽機關領袖雖屬華人，而實權則操諸日本顧問諮議之手，此項顧問諮議，悉為日方所指派，而為領袖之華人其行動完全不得自由，甚至接見新聞記者亦必受日員之監視，此種事實，盡人皆知，不能掩飾。上月更將溥儀強挾赴東北，使就傀儡政府之偽職。凡足以破壞中國領土行政之完整者，無所不用其極，足徵日本政府對於上述非法組織，實完全主持其事，不僅予以贊助已也。日本外務大臣三月十九日照會謂為基於自決，日本與之並無何等關係，實屬欲蓋彌彰。茲再鄭重聲明，在日軍未撤退期間東省所有一切非法組織，中國政府絕對不能承認，應由日本政府負其全責。相應照會貴大臣。請煩查照見復為荷，須至照會者。

中華民國二十一年三月二十四日

江華本東京來電

民國二十一年四月三日

南京外交部部、次長鈞鑒：芳澤二日來照答復二十四日
本館照會，謂日政府關於滿洲獨立問題之立場，業詳
十九日去照，無再述之必要，來照徒以推測臆斷，誹謗
日政府態度，謂為應負其責，斷難容認云云，原文已另
抄寄。華本，三日。

五　抗議日人強收東北關稅
外交部電日內瓦代表團

民國二十一年四月一日

Sinodelegate Geneva：安東、營口兩海關監督日本顧問
及東三省官銀號職員，向各該地中國銀行提交偽國命
令，囑將所存稅款及自三月二十六日起所收稅款，均須
解交官銀號。又三月二十八日，營口鹽運使職員借警察
二十人接收稽核所，官銀號職員並強行接收該地中國銀
行帳冊，除已向日本公使抗議實行支配傀儡政府，及唆
使叛逆舉動外，特聞。外交部。一日。

致日本公使館照會

民國二十一年四月六日

為照會事，關於東三省建立偽政府事，接准三月二十一
日來照，業經閱悉。查本部迭次去照所指明日本政府對
於此事之責任，完全根據事實，不容諉卸，乃來照抹煞
事實，設詞掩飾，竟稱本部去照所指各點為臆測之詞，
實屬顛倒是非。至於日本為此事主動之證據，多不勝

舉。茲再略述如下：上月底，安東、營口兩關之日本顧問持傀儡政府之非法命令，要求各該地中國銀行將所存該兩關稅款移交東三省官銀號，同時該傀儡政府又受日方嗾使，令偽鹽運使署職員帶領鹽務緝私隊及警察多名，強取擔保內外債之營口鹽稅，並推翻該地稽核所，對於中國行政及徵稅主權之完整，任意破壞，是該傀儡政府之叛逆行為，確為日本政府之指使及支配，實屬明顯已極。又自事變以來，日軍對於東北軍隊剗除不遺餘力，固已盡人皆知，最近且公然與叛逆組織聯合軍攻擊駐守長春南崗等處反傀儡政府之軍隊。來照謂與之並無關係者，果如是耶？總之，凡在日軍未撤退期間，東省各地所有一切之偽組織自應由日本政府負責，中國當然不能承認。相應照會貴公使查照，須至照會者。

六　封鎖東北郵政

（一）日派藤原接收東北郵政

行政院訓令（令外交部）

民國二十一年七月七日

為密令事，案據交通部陳部長冬代電稱，據郵政總局轉據遼寧郵務長密電節稱，偽組織新任郵政長官日人藤原來局聲稱：（一）藤原謂郵局必須立刻接收，經該郵務長詳述九一八以後之經過，渠漸表同情，然甚懼其上峯，將堅決從事。（二）偽組織對於調派遼區之郵務員儒福立及副郵務長湛恩兩洋員，認為含有宣示郵政大權仍在南京之意，偽組織絕不贊同，經該郵務長詳加解釋後，該藤原請將該兩洋員併入自願撤回關內之人員名單

內。（三）該日人請該郵務長具備清單，載明何人願留
瀋為偽組織服務，何人願離去。（四）該日人謂此間電
局及其他方面均經派遣日人數員，以求雙方諒解，瀋陽
及濱江兩處郵局亦須照樣辦理，方可得軍事當局之信
任。又據密報，藤原自長春通知偽郵票決定延至八月一
日發行，並囑備給全體員工清單一紙各等情轉請核示前
來。查該偽組織此種要求實屬無理已極，現時該兩區郵
政現狀所僅能保持者，即郵票未經改變及人員照常服務
而已。如該郵務長所稱第三項稍事通融，即不啻認該區
人員與總局脫離關係。第四項強迫派員來局一節，如予
容納，亦即我國郵局主權已失之表示。倘作為我國郵局
自動僱用臨時譯員，似於事實不無裨益。惟以上要求均
關郵政主權，是否可以認為與發行偽郵票有同一性質，
事體重大，應如何辦理之處，本部未敢擅專，理合電
請鈞院核示，以便轉飭祇遵等情到院，當經提出本院
第四十七次會議決議：「由交通部會同外交部妥籌辦
理」，除指令外，合行令仰該部即便遵照。此令。

交通部密呈行政院

民國二十一年七月二十一日

呈為會密呈東省郵政最近情形，仰祈鑒核示遵事。查東
省偽組織自任用日人藤原充任偽郵政長官後，對於該區
郵政攫奪情形，經於冬日代電呈報鈞院在案。近旬以
來，偽方由寸進尺，益形緊張，本交通部迭據報告均隨
時會同本外交部一本堅制抵制之原則，指示應付方策，
並經本兩部會同呈奉鈞院指令在案。近又據郵政總局轉

據遼寧郵務長巴立地先後密報，偽方除強派日籍視察員、監察員來局布置外，偽郵票已分配各區，並決定八月一日開始使用，事在必行。在八月一個月期內，中華民國郵票仍一律貼用，其與偽票掉換期間並可延至本年底止，揣其用意，係以偽郵政尚未加入國際聯郵公會，即欲在此期間之內，利用中華民國郵票，藉以暫時支持該區內之內外通信，不致因偽票發行而中斷。至其對該區內之郵政員工，則先之以恫嚇，繼則以甘言誘惑；一則曰現有員工均可由渠接受繼續任用，再則曰願按照現行規章及待遇，將東省郵局員工全部接受，冀其軟化。蓋該藤原攫奪東省郵政之手段，全係企圖將東省郵政和平接收，即間接破壞我方對付之策略。除由本交通部電飭郵政總局嚴飭該郵務長嚴切注意外，本兩部綜觀上述情勢，認為已到偽方迫用偽郵票時期，亟應遵照六月二十四日奉准之應付辦法，相機將該兩區郵政暫時停辦，為斷然之處置。事關重要，理合具文並抄錄局函四件密呈。伏乞鈞院鑒核示遵。謹呈行政院長汪。

附件。

　　　　　　　　　　　　外交部長　　　羅文榦
　　　　　　　　　　　兼代交通部長　　黃紹雄

（二）通知萬國郵聯封鎖東北郵政
外交部、交通部會呈行政院呈報致萬國郵政聯合會電稿

　　　　　　　　　　民國二十一年七月二十六日
中國郵政總局以日本命令自己造成之東省偽組織，強使

其官吏（其中大多數為日人）強佔東三省各郵局之房屋及產業，並強迫貼用該偽組織發行之新郵票，破壞中國郵務行政，以致各該郵局不能執行職務。在此特別情形之下，依據倫敦萬國郵政公約第二十七條規定，不得不請通知各會員國，在未有新通知以前，東省各郵局暫行停止職務，嗣後所有寄往歐洲或美洲之郵件由蘇彝士運河或太平洋遞送，不再經由西伯利亞，並請各會員國郵局對於中國與各國來往之郵件亦照此辦理。至在東三省發行之郵票，未經中國郵政總局允准者，中國郵局決不承認，各種信件包裹如貼用該項郵票，均應作為欠資論。

滿洲國對封鎖郵政之對策

（電通二十五日瀋陽電）南京政府已限令全滿郵局於二十三日閉鎖，滿洲政府昨日因此開緊急首腦部會議。協議對策之結果，決定辦法如下：一、從本月二十五日起開始滿洲國之郵政事務，用新郵票。二、外國行郵件在未加入萬國郵政聯盟以前，請日本斡旋，郵政匯兌亦採同樣辦法。而日本在滿官廳對此則決定：一、南滿方面郵件，由日本方面郵局受理，北滿方面則在哈爾濱設置外國行郵件受理所受之。二、對華匯兌照關東廳郵便局條令。三、改正，由日本郵政局受理之。

（三）交通部發表嚴正宣言

民國二十一年七月二十三日

我東三省（滿洲）之遼寧、吉黑兩郵區郵政，因其所處

地位為歐亞陸上交通最便利之孔道，故不獨為中華全國郵政最重要之郵區，且為歐亞郵件運輸之大轉口。該三省郵政營業每年有二、三百萬元之餘利，足為關內貧瘠郵區之營養，而每年由該三省郵局滙入關內之款達二千一、二百萬元之鉅，故就其本身之經濟關係而論，該三省郵政謂為整個中華郵政之生命線，亦非過言。日本政府熟該三省郵政在中國及世界交通上所占之重要性，對於該三省郵權垂涎已非一日，彼南滿之客郵，根據華會條約，早應撤廢，乃迄不履行，足為其處心積慮之明證。九一八事變以後，強暴之日軍即扣留我郵件，騷擾我郵局，侮辱我郵員，妨害我郵運，已逐漸暴露其攘劫之陰謀。自本年三月間彼一手造成之傀儡組織所謂滿洲國者出現，乃更悍然無忌，利用此工具以圖實現其豪奪該兩區郵務，長官時受威嚇，郵務行政時受干涉，其所屬人員且有遭日軍之慘殺，而受逮捕或刑訊者，更有多起。其他種種非法之壓迫，尤不勝枚舉。本部顧念該兩區郵務與世界交通關係之密切，為維持中外人民通訊便利起見，數月以來盡力容忍，詎彼傀儡政府得寸進尺，積極逼迫，近更扣留郵政款項，令其多數為日籍之偽郵政官吏強佔該兩區郵局之房屋產業，並強迫使用其所發行之偽郵票。該兩區郵務行政，至此益破壞無餘，所有業務因之不能執行。在此情形之下，本部認為我國家之忍耐已超過其應有之程度，茲已飭將該兩區郵務暫行一律停辦。在停辦期內，所有寄往歐洲或美洲之郵件不再經由西北利亞，改由蘇彝士河或太平洋遞送，各聯郵會員國郵局對於中國與各國來往之郵件，亦照此辦

理。在東三省發行之郵票，未經中國郵政總局允准者，決不承認，各種信件包裹如貼用該項偽郵票，均應作為欠資。凡因此迫不得已之封鎖而發生對於公眾交通上之影響，其責任應由日本政府負之。

中華民國二十一年七月二十三日

兼代交通部長　黃紹雄

（四）中日雙方照會
致日本代辦照會

民國二十一年七月二十三日

為照會事：准七月四日來照，關於攫奪中國政府在東省之郵政權事，業經閱悉。茲又據報告，日人藤原已就任該偽組織郵政總辦，強派日籍視察員至遼寧及哈爾濱郵局，每局各三人，又擬定日籍監察官八人、監察員四人，隸屬偽郵政司，以管理並監督郵政業務，復向各郵局強行分發偽郵票，並決定八月一日開始使用等語。日本政府如此派遣日人藤原指揮該偽組織，積極進行攫奪中國政府在東省之郵政權，乃來照竟稱與之毫無關係，顯係抹煞事實。但此事既係日本方面所派日人藤原等所為，而東省偽組織又為日本政府以其武力非法造成，所有一切責任應由日本政府擔負，自不待言。

貴國政府如不自反省其責任，立即取消上述非法行動，俾中國政府在東省郵政主權得以照常行使，則中國政府在此時期不得不採取斷然之措置，並聲明保留一切要求權，相應照會貴代辦速行陳請貴國政府查照為荷。須至照會者。

蔣作賓東京來電

民國二十一年八月五日

南京外交部。內田對於上月二十七日照會，三日照復如下：日本政府關於滿洲政權之成立及其行為不負任何責任之理由，及該政權關於郵務之處置與日本無關，歷次說明在案。此次藤原等行為係以滿洲政權之官吏根據該政權命令之處置，於此謂由日本負責，全屬錯誤，尤以此次中國突然封鎖東省郵務，致各國臣民感受重大困難，其責任應全在中國政府云云。再日本臨時議會聞已決定本月二十二日召集。賓。五日。

七 日議會通過承認案後中國照會各國

外交部分電致各使領館

民國二十年十月二日

Sinodelegate Berlin, Washington 並轉英、法、義、比、和蘭、西班牙、葡萄牙、瑞典、挪威、丹麥、芬蘭、墨西哥、智利、秘魯、巴拿馬、古巴、巴西各使館暨各領館：密。近據傳說日本唆使東省樹立新政府，建設中和國，脫離國民政府關係，以袁金鎧等所組織之維持會為中心，協議東北新政權方針，及吉林省已廢委員制各節，雖未證實，然在日方武力佔領之下，自可假借名義，為所欲為，如果屬實，必出於誘脅。本日經特種外交委員會決議，應即對外聲明日軍未正式交還其所佔領各地方城市以前，當地如有不合法之組織，日政府應負其責，中國政府概不承認。除日內瓦施代表向國聯行政院正式聲明，並設法公布外，仰向駐在國政府正式聲

明,並設法公布為要;除分電日內瓦施代表向國聯行政
院,暨使領館向駐在國正式聲明,並設法公布外,特電
接洽,並設法公布為要,外交部,三日。

外交部分電致各國使領館

民國二十一年六月十五日

Sinolegate London, Berlin, Washington,並電轉駐歐各使
館,駐中南美各使館。東省偽組織完全為日本武力所造
成,受日本政府之指揮,業經我政府隨時鄭重聲明,並
照會日本政府,以該偽組織實為日本之傀儡,其叛逆行
為應由日本政府負責,中國政府斷不能承認在案。茲日
人運動承認該偽組織不遺餘力,復經議會提案通過,日
本政府頗有實行承認之趨勢,顯違九國條約,並蔑視國
聯迭次決議案。我政府準備即日發表聲明,絕對不能承
認。關於此事,在各國理應有嚴重表示,能警告日本政
府勿貿然承認最好,希即與駐在國政府商洽,並將商洽
詳情電復。再政府對於圓桌會議態度,以為該項會議如
將東案與滬事謀同時之解決,可表同意,否則,如為上
海安全問題開此會議,必予反對。外交部。

羅部長北平來電

民國二十一年六月二十二日

南京外交部徐次長鑒:密。日議會通過承認偽國案,形
勢嚴重,請即分電九國條約之七國政府,聲明日政府此
舉顯係違背該約尊重中國領土完整之規定,應請各該政
府予以注意,即行設法促日政府之覺悟,對於偽國不加

承認，以維持條約之尊嚴，而保守東亞和平等語。事
關急迫，希即本此意旨，妥速辦理為盼。羅文榦，馬
（二十一）。

照會美英法義葡荷比國駐華使館

民國二十一年六月二十三日

為照會事，自日本以武力佔據東北三省以來，即行積極
促成所謂滿洲國，名謂獨立政府，其實乃係日本擴張領
土政策之工具。近據確報，日本政府準備正式承認其
自己造成之傀儡組織，而日本眾議院近且通過即予承
認之議案。日本擬欲承認所謂滿洲國之舉，顯係違背
一九二二年在華盛頓簽訂舉世皆知之九國條約。依據該
約，日本及其他締約國（中國除外）嚴肅約定尊重中國
主權與獨立暨領土與行政之完整。

美國既係該約簽字國之一，且係締結該約之會議之發起
者（英國、法國、義國、比國、荷國、葡國既係該約簽
字國之一），中國政府用特急請美國（英國、法國、義
國、比國、荷國、葡國）政府對於日本政府之企圖，予
以最嚴重之注意，並立即採取有效步驟，使日本政府對
於以軍事行動所產生之非法組織，不予承認，庶可維護
九國條約之尊嚴，而保遠東和平。相應照請貴公使（貴
代辦）查照，並將本照會之內容，電達貴國政府為荷。
須至照會者。

照會駐華瑞典、挪威、丹麥國代辦

民國二十一年六月二十五日

為照會事，自日本以武力佔據東北三省以來，即行積極促成所謂滿洲國，名謂獨立政府，其實乃係日本擴張領土政策之工具。近據確報，日本政府準備正式承認其自己造成之傀儡組織，而日本眾議院近且通過即予承認之議案。

日本擬欲承認所謂滿洲國之舉，顯係違背一九二二年在華盛頓簽訂舉世皆知之九國條約。依據該約，日本及其他締約國（中國除外）嚴肅約定尊重中國主權與獨立暨領土與行政之完整。

（瑞典、挪威、丹麥）國既已加入該約，中國政府用特急請（瑞典、挪威、丹麥）國政府對於日本政府之企圖，予以最嚴重之注意，並立即採取有效步驟，使日本政府對於以軍事行動所產生之非法組織，不予承認，庶可維護九國條約之尊嚴，而保遠東和平。相應照請貴公使查照，並將本照會之內容，電達貴國政府為荷。須至照會者。

八　日對華抗議其派遣大使赴滿的答覆

外交部致國聯調查團中國代表處電

民國二十一年八月十日

國聯調查團中國代表處公鑒：日本派遣駐滿大使事，經本部於二十七、二十九兩日疊電駐日蔣公使，向日政府提出抗議。茲據該使電復日方答復各情形，特鈔送原電。即請查照。外交部，亞洲司。文印。

附原電一件。

東京蔣公使來電

八月十日

南京外交部呈閱。內田對於三十日照會，於三日照復稱：來文謂滿洲政治組織認為在日軍非法佔領之下所造成，又謂日本政府派遣臨時全權大使為國際法所不許。查日軍在滿行動係基於對貴方挑動侵害之自衛權，滿洲國之成立出於該地住民之自發行為，與日本毫無關係，歷經聲明。對於來文所稱各節，斷難容認。再派遣臨時全權大使，前於會晤時，經非正式說明係根據大正六年勅令第六十四號辦理。此項全權大使不呈遞國書，僅係日本政府所任命，已有先例，並不違反任何國際條約。來文抗議各節，認為毫無根據云云。該照會係於本日收到。聞內田對賓談話，曾於閣議報告，致惹起軍部及少壯派之物議，羣向內田質問。最近復以有田次官名義聲明，謂此次所派大使係處理與滿洲國之一切外交關係，國際公法上關於承認問題見解，雖有不同，但此次派遣大使作為事實上之承認，自屬可能，惟日本此次係照政府既定方針作公法上關於承認之一切基礎準備云云。昨日日皇舉行親任式，勅諭中僅謂委武藤以關東軍統率重任，盼其熟察內外情勢，宣揚日軍威信，善處理重大時局，以副倚畀。本日陸軍方面，因鑒於最近美方之輿論於日不利，發表談話亦認為因確定方針，但現尚非時機。賓連日與彼方政黨領袖，朝野名流晤談甚多，俟綜合各方意見，再另詳陳。賓。十日。

第三節　日本承認滿洲國

一　武藤赴滿

蔣作賓東京來電

民國二十一年八月二十四日

南京外交部呈閱。聞武藤赴滿，將與偽組織商訂基本條約。又聞內田對於議會預備演說中，有確保極東平和，須中、日、滿三國充實實力，彼此保持親善，互相扶助之說。頃晤內田，質問報紙所傳是否屬實，渠答報紙懸揣之詞，可不注意，予亦甚願中日交涉早日解決。日本政府對於中日關係及滿洲問題之態度，明日將在議會說明，閣下如有何方案亦極所樂聞。關於武藤赴滿訂約一節，礙難答復，請原諒云云。賓，二十四日。

二　日方承認態度堅決

蔣作賓東京來電

民國二十一年八月二十五日

南京外交部呈閱。本日內田在臨時議會演說外交問題，大要謂日本政府以正式承認偽組織為解決滿蒙問題之惟一方法，現正準備承認。又謂偽組織成立，非因日本軍事行動，係中國民族自身分離作用，日本不負若何責任，日本承認偽組織，並不違背非戰條約及九國條約，末謂日本希望中、日、滿三獨立國互相扶助，維持東亞和平云云，全文另寄。賓，二十五日。

蔣作賓東京來電

民國二十一年八月二十五日

南京外交部呈閱。月餘來，賓向各方以極沉痛委婉之詞，痛述日本若不放棄滿洲，即無異自殺，且危及東亞等等，空氣頗為一變。頃近衛文麿公係軍政界有力者，以私人名義來館，傳述西園寺、荒木、內田等之意，謂賓論固是，惟日本為勢所迫，不能不承認滿洲國，請中國斷念云云。賓謂果如是，將來發生如何變化，日本應負其咎，我國當以全力反對之，察其意亦似尚有顧慮也。賓，二十五日。

楊宣誠東京來電

民國二十一年九月三日

南京參謀本部總次長鈞鑒。日政府二日請英、美、法、意四國大使到部，準備承認滿洲手續，業經完備，不日正式決行之意，報紙宣傳承認時期約在十五日前後等語。謹聞。職楊宣誠叩。江，三日。

蔣作賓東京來電

民國二十一年九月六日

南京外交部呈閱。今赴法國來日軍艦茶會，據義大利代辦云，前日，意、法、英、美四國使館分往外務省質問承認滿洲事，日本似已決定一星期內外承認，各國或暫守緘默，以待國際聯盟解決云云。今日閣議已決定非公式承認之手續，俟奏明日皇後，交由武藤辦理。賓默察各方情勢，日本或不敢遽然正式承認。倘

冒此不韙，應取如何態度，盼密示。孔公使已晤談，
並聞。賓，六日。

駐京城總領事呈外交部文

民國二十一年九月八日

為呈報事，竊查八月二十五日北平英文燕京報載，八月
二十四日東京路透電稱：日本定於九月十八日，即佔領
奉天之紀念日，給予滿洲國以事實之承認，除正式宣佈
外，尚與滿洲國結一基礎條約，在國際聯盟存案。該項
條約之草稿，已經完成，由內田外務部長詳細飭知在滿
之日本大代表武藤大將云云。並將條約七款詳細列載。
證以八月二十八日神戶英文日報所載「日本與世界」之
論說，末有承認問題瞬將實現，中國或須實力抵抗，大
概列強不致有所阻礙，唯當不亟於承認，因其似未給予
任何特殊利益以交換之等語，則國聯調查團縱作有利
於我之報告，國際聯盟會縱作於我有利之主張，世界
各國縱發不利於日本之輿論，而日本持承認傀儡偽國
之交換條約為根據，不顧一切、一意橫行。若各國為
自身計，不按照盟約予以經濟絕交之裁制，豈能以實
力維護聯合會盟約之實行，似此情形，則除賴我實力
之外，若不發生特別變化，則無大希望耳。理合抄錄
該報所載約款譯件，連同各該剪報呈報鈞部。敬乞鑒
核，謹呈外交部、次長。

駐京城總領事　盧春芳

附剪報二件、譯報一件。

抄譯報一件

八月二十五日北平英文燕京報載，八月二十四日東京路
透電稱：日本定於九月十八日，即佔領奉天之紀念日給
予滿洲國以事實之承認，除正式宣佈外，尚與滿洲國結
一基礎條約，在國際聯盟存案。該項條約之草稿，已經
完成，由內田外務部長詳細飭知在滿之日本大代表武藤
大將云。

條約款項如下：

一、滿洲國由日本護衛。

二、東三省各鐵路由南滿鐵路公司管理。

三、滿洲國除危及獨立之條約外，承繼中國所定一
切條約。

四、所有日本之利權，均須盡量列入條約之內。

五、滿洲國政府日本籍之官吏，須給予鞏固地位。

六、居住、遊歷及通商之自由，須給與在滿之日本人。

七、在滿之領事裁判權（治外法權）取銷之。

蔣作賓東京來電

民國二十一年九月十日

南京外交部呈閱。頃往晤內田，告以貴大臣在會議演
說，對於所謂滿洲國日本將正式承認此事，關係中日前
途甚巨，深望日政府慎重考慮，不使其實行，否則，因
此發生一切糾紛，責任全在日本。渠謂中國對於東省交
涉多年，不予解決，現日政府決定不日實行承認，此乃
既定方針，不能改變，縱因此引起糾紛，亦不負責云
云。賓，十日。

蔣公使東京來電

民國二十一年九月十一日

南京外交部，十一日電悉。連日來，賓因阻止日本承認偽國，迭向日本朝野要人痛陳利害。昨晨荒木約談亦以此進。渠謂：承認偽國為既定方針，萬難更動，縱令惹起世界戰爭，日本變成焦土，亦所不惜。東洋事宜由東洋人解決，日本人早具決心，東洋事決不使歐美人置喙；況歐美人決不為東洋人謀利益，倘中國仍利用歐美人，以窘日本，殊非中國之福，或於中國不利。中日兩國以前外交方針均有錯誤；日本對中國向採利己主義，每不擇手段援袁、援段、援張，祇求有利日本，此大錯誤也，中國對日本向探便利主義，忽而親美，忽而親英，忽而聯俄，遠交近攻，以求抑制日本，致激怒日人，引起遼滬之變，此亦錯誤也。中日兩國欲求親善，宜痛改前非。日本已改革，抱定東亞主義，中國能與日本攜手，固屬甚願，否則，日本亦必單獨幹去云云。渠約再會而散。日人已決心承認偽國，勢難挽回，惟望中央積極籌備，以應付今後萬難之局面。賓，十一日。

三　羅部長關於偽滿問題的講詞

外部紀念週羅部長演詞

民國二十一年八月二十九日

羅外長發表重要演詞

痛駁日外相演說　闡明中國外交方針

　　本日（二十九日）上午十一時，外交部舉行紀念週，羅外長發表演詞，對於最近日本內田外相在日議會

之演說加以駁斥，於中國政府對目前時局所持外交方針，加以闡明演詞性質至為重要，茲錄其全文如下：

八月二十五日日本內田外相在日議會之演說，已將日本政府之野心，暴露無遺，使今後侵略中國之計劃，無須再用其掩飾，此誠日本政府對全世界正論挑戰之行為也。日本政府不顧人類和平之呼籲，藐視國際聯合會之組織，踐踏一切神聖條約之義務，竟復公然露布演詞，其詞不啻向世界宣示：日本有侵略中國之權、有攫奪東省之權、有製造傀儡而諡之曰獨立國家，操縱之，玩弄之，乃至最終併吞之而後已之權。內田之詞，直中古黷武主義之演述，而飾以二十世紀之文字者也。

日本所假以為侵略之藉口者，曰自衛，併謂自衛之權，可行使於本國疆域之外。又謂非戰公約並不禁止自衛權利之自由行使，日本欲撕毀非戰公約之隱衷，於此可見。設此種解釋，而為其他六十一簽字國家所承受，則非戰公約直同廢紙，非所以否認戰爭，乃所以保障侵略。

非戰公約明白規定：任何爭端，不得用和平方法以外之手段求其解決。今日本在華權益，縱果如日本所稱，受有損害，日本政府自可採用國際公法上所習聞之和平方法，向中國要求適當解決。乃日本政府並未向國民政府有所聲訴，突於九一八之晚，轟擊北大營、佔領我瀋陽、凌夷我城邑、寢假而淪胥我東北，此而猶稱曰自衛，稱者之罪愈重。最近美國務卿史汀生氏之言曰：「有一國焉，以保護本國人民為面幕，冀以掩飾其帝國主義之政策，其面幕不久將被揭露。」今者，日本果已

自揭其面幕矣。

　　日本政府欲承認傀儡組織，乃復設詞巧辯，謂滿洲偽國之成立，乃出於滿洲人民之自願，而係中國內部之一種分立運動，九國條約並不禁止中國之分立，因是日本對於此項新國之承認，亦不為九國條約所禁止，殊不知東省之患，並不在分立運動之內發，而在侵略運動之外襲。夫挾其傀儡登場，沐猴而冠，組織偽政府，從而謚之曰滿洲獨立國者，日本軍閥也。逞一己之意思，而強迫施諸實行者，亦日本軍閥也。鞭扑馳驟我東省三千萬之同胞，使之宛轉呻吟於日人鐵蹄之下，而不得為自由意旨之表示者，亦日本軍閥也。實則以地理言、歷史言、人民心理言，東北三省終為中國領土不可分之一部，東省同胞將來為中華民國忠實之國民，日本軍隊一旦撤退，傀儡組織必將隨之瓦解，可無疑義。

　　向使中國果所有謂分立運動，純屬內政問題，九國條約自不適用，無如今日日本奮其鐵腕，攫我土地，一手包辦，設置偽國，其為違反九國條約尊重中國領土行政完整之規定毫不待言。抑日本破壞九國條約，實始於九一八轟擊瀋陽城之夕，嗣後遂步擴大，甚至挾走溥儀，立為偽主，今且明白宣言，將對傀儡組織予以承認，使果實行，日本破壞九國條約之罪，彌更彰大。

　　內田外相所稱滿洲已登平康進步之程，誠屬自欺欺人之談。吾人苟縱目一觀，在在均可發見東省人民之抗日運動，與日俱增；在日軍強烈炮火飛機轟炸之下，義勇軍之活動，再接再厲，無或稍懈。至於滿洲之實業與商務，自日軍佔據東省以來，日益衰落，其凋蔽紊亂之

狀，為從來所未有。在日軍未完全撤退，中國政府未恢復故土之前，東省殆無和平與繁榮之可言。

內田外相為日本對華侵略進辯詞時，曾涉及中國之內政與共黨之活動。吾人雅不欲自詡吾人之行政為完善無疵，吾人之行政誠不能免於一般國家通有之盛衰隆替，興革變遷，吾人剿滅共匪之工作，尚未能完全成功，世界不景氣之影響，吾人亦未能倖免，而去年空前水災，為害至大，至今猶有餘痛，在此種情形之下，吾人以為東鄰日人當亦如他國人民予吾人以至大之同情，對於吾人艱鉅之善後工作，至少予以道義上之援助，乃日本利用時機，乘人於危，對華實行其預定之武力侵略，開近世史未有之先例，斯誠出人意料之外者也。

現下日本對於全世界、對於國聯、對於非戰公約、九國條約，以及其他國際公約，與夫人類公論，可謂極盡其侮蔑。日人妄思乘世界宣判之前，急速完成其侵略，造成「既成事實」，以圓其武力之好夢，殊不知彼開明之國家，固早已聲明在先，對於以暴力造成之情勢，概不予以承認矣。

余願乘此機會將中國政府對目前時局之政策，申述其要點如次：

（一）中國政府與人民絕無排外思想，但在日本武力侵略造成之現狀下，而欲中國人民對日本人民表示最敦睦之友誼，誠屬萬不可能。改進與恢復中日兩國人民之關係，是在日本自為之。

（二）中國絕對不因武力之壓迫，而放棄尺土寸地或主權之一部，同時，對於武力之侵襲，決意盡其力

量，予以抵抗。

（三）任何解決東北事件之辦法，苟以由日本武力創造、維持與支配之東省偽組織為前提者，中國絕對不能同意。

（四）中國深信將來解決東北事件之合理的辦法，必以不背國聯規約、非戰公約、九國條約之文字與精神，與夫中國之主權，同時又確能鞏固遠東永久之和平者，為必要之條件。

四　日本正式承認滿洲國中國提抗議照會

蔣作賓東京來電

民國二十一年九月十五日

南京外交部。頃日方發表本日簽訂之日滿協定要點，日本確認滿洲國為獨立國之事實，滿洲國聲明清末中國現有適用於滿洲之一切國際約定，彼此約定：一、滿洲國尊重日本在滿權益。二、因彼此約定共同防衛，日本駐屯軍隊於滿洲國內。同時發表聲明，說明日政府正式承認之理由。全文已郵寄。賓，十五日。

日本承認滿洲國議定書

民國二十一年九月十五日

日本之正式承認滿洲國為一主權獨立國，係見於一九三二年九月十五日之日滿所締結條約。該約（稱為日滿議定書）全文如下：

茲因日本國確認滿洲國根據其住民之意思，自由成立一獨立國家之事實，並因滿洲國宣言：「中華民國所

有之國際條約,以其應得適用於滿洲國者為限,概應靠重之。」日本政府及滿洲國政府為永遠鞏固日滿兩國間善鄰之關係,互相尊重其領土權,且確保東亞之和平起見,為協定如左:

(一)滿洲國於將來日滿兩國間未另訂約款之前,在滿洲國領域內,日本國或日本國臣民,依據既存之日華兩方之條約、協定,其他約款及公私契約所有之一切權利、利益,概應確認尊重之。

(二)日本國及滿洲國確認對於締約國一方之領土及治安之一切威脅,同時亦係貴於締約國他方之安寧及存在之威脅,相約兩國共同當防衛國家之任,為此所需之日本國軍,可駐紮於滿洲國內。

本議定書自簽訂日起,即生效力。本議定書繕成日本文漢文二份。日本文原文與漢文原文間,如遇解釋不同處,應以日本文原文為準。

駐日公使致日外務省照會

民國二十一年九月十七日

為照會事,頃奉本國外交部來電,奉達貴國政府如下:

自去年九月十八日之夕,日本軍隊按照預定計劃突然轟擊瀋陽城以後,日本政府著著進行,使東三省之局勢日趨嚴重,不僅中國主權受極度之蹂躪,即國際條約神聖之原則,亦為之根本動搖,世界和平亦遭悲痛之打擊。去年九月卅日國際聯合會行政院之決議,促令日本政府不再使局勢愈趨嚴重,並應自遼、吉兩省所佔之

地，將軍隊撤至鐵路區域以內，日本政府且亦自己承認此決議。乃行政院決議甫經通過，日本軍隊立即隨之而擴大行動，進佔東北各省土地，包括齊齊哈爾及黑省內之其他重要城邑。十一月間暴變發於天津，斯則天津日租界人員實有以引致起之。去年十二月十日國際聯合會行政院以日本之同意，重申誥誡，不許再行擴大局勢，並決議日本軍隊應及早撤至鐵路區域以內。日本政府對於此項決議，則報之以侵略更甚之活動，其範圍不僅限於東三省，且波及離發難地點甚遠之區域，錦州、哈爾濱及東省其他軍事要地，均無不受日本軍隊之炸擊，最後乃至奪據而後已。本年一月末劇烈之戰事行動起於上海，日本海軍陸戰隊實為戎首，日本竟增派陸軍至數師之眾，以致生命財產損失無算。日本既以武力掠據東三省之全部，乃從事於傀儡組織之製造，諡之曰滿洲國，而使溥儀為之主，一切實權則操之於向對東京政府負責之官吏之手。自是攫奪我鐵路，截留我關鹽及其他稅款，破壞我郵務，屠戮壓迫我人民，恣意毀滅我財產，以及其他一切非法行動，盡以滿洲國之名義行之，實則主之者，乃效忠日本政府或受日本政府所支配之人也。日本在中國每次侵略舉動，中國政府無不向之提出嚴重抗議，喚起其對於自身所負重大責任之注意，無如日本對於此類抗議，非特漠然置之，反報之以侵略更甚之行動。世界各國對於其用暴力擴展疆土之政策，亦曾一再予以警告。本年一月初，美國政府曾正式宣布：「美國不能承認任何事實的局面為合法凡用以違反一九二八年八月二十七日巴黎公約規定與義務之方法而造成之局

面、條約或協定，美國均不承認之。」二月十六日，國際聯合會行政院十二國代表宣言：「凡蔑視違反國際聯合會盟約第十條，而侵犯會員國土地之完整及變更其政治之獨立者，其他會員國均不應認為有效。」三月十一日，國際聯合會大會一致決議：「凡用違反國際聯合會盟約或巴黎公約之方法，而造成之局面、條約或協定，國際聯合會會員國有不予承認之義務」，「又中日爭端若在任何一方軍力壓迫之下，覓取解決，實與盟約精神相違背。」日本政府不顧友邦之忠言與警告，不顧國際聯合會之決議與訓誡，不顧人類之公論，現更對於其黷武主義所產生之傀儡組織悍然加以正式承認，並與之締結所謂條約，俾日本有任意駐兵東省之權，藉欲淪陷東三省於日本保護國之地位。國際聯合會依照去年十二月十日行政院通過，而經日本接受之決議所委派之調查團，以日本代表之協助從事工作。今當該調查團工作甫竣，國際聯合會尚未加以討論之際，日本遽行承認偽組織，此項舉動，一面適足以增加其罪戾，一面無異對於國際聯合會之權威為侮辱性之挑戰，殊不知國聯之判斷，必以真理與公平為歸宿也。日本政府悍然施行其暴力的、殘殺的與征服的政策，其責任之重大，在近代國際關係之歷史上罕與倫比，茲舉其犖犖大者如下：

（一）日本已違犯國際公法之基本原則。蓋日本已破壞中華民國領土之完整，篡奪中國之政治與行政權也。

（二）日本已違犯法律之初步原則與人道觀念。蓋日本已殺傷無數中國人命，毀損現時尚難統計之中國公

私財產也。

（三）日本已違犯國際聯合會盟約。蓋在該盟約中，各會員國曾擔任尊重並保持所有聯合會各會員國之領土完整，及現有之政治上獨立，以防禦外來之侵犯也。

（四）日本已違犯非戰公約。蓋在該公約中，各締約國曾鄭重聲明，放棄以戰爭為彼此間施行國家政策之工具，並互允各國間設有爭端，不論如何性質，因何發端，祇可用和平方法解決之也。

（五）日本已違犯民國十一年簽訂之九國條約。蓋在該條約中，各締約國除中國外，曾互允尊重中國之主權與獨立，以及領土與行政之完整也。

（六）日本已違犯其自為之誓約。蓋日本曾聲明，在東省無領土企圖，且允於最近期間內，將日軍撤至鐵路區域內也。

（七）日本已違犯國際聯合會歷次訓誡。蓋國際聯合會曾一再誥誡日本，不得就其因侵略中國而造成之形勢，再使擴大與惡化也。

對關於日本自去年九月十八日轟擊瀋陽城，至今年九月十五日承認偽組織所有一切侵略行為，及其發生之任何結果，中國政府當令日本政府擔負完全責任，中國政府並保留其在現狀下，國際公法與條約上所賦予之權利。

相應照會貴爵大臣查照為荷。須至照會者，右照會日本帝國外務大臣伯爵內田康哉閣下。

中華民國二十一年九月十七日

五　向九國公約簽字國分致照會

致九國條約當事國照會

民國二十一年九月十六日

日本於一九三二年九月十五日，竟實行承認所謂滿洲國，並公布所謂日滿議定書，俾日本有駐兵東三省之權，其目的欲淪陷東三省於日本保護國之地位，而所謂滿洲國者，固係日本在中國東三省領土內所製造、所維持、所支配之傀儡組織也。一年以來，日本所為種種國際罪惡連續不已，不僅劫奪中國之主權，抑且屢背最重要之國際條約，包括一九二二年在華盛頓簽訂之九國條約。該約貴國亦為簽字國之一（當事國之一）。今者，日本之承認偽國，無異在其犯罪行為之索鍊上又加一最毒之環，中國政府不得不促醒貴國政府對於因日本承認滿洲國，而引起之嚴重局勢，予以深切之注意。

日本如何於九一八之夕開始襲據我東三省，如何張其鐵腕，魚肉我三千萬同胞，如何篡劫我政權，製造偽組織，胥為舉世周知之事實，無庸贅述。所欲概括一言者，即自九一八以後，日本無日不擴大其暴行，以至於今日，而有此承認傀儡之舉。

乃日本猶欲巧言欺世，謂所謂滿洲國者，乃東省人民圖謀分立之結果，殊不知東北傀儡組織為日本軍事侵略之產物，轉復用之為工具，乃無可掩飾之事實。多數日本官吏，受東京政府之命令，發縱指使於舞臺之上，真正東北民眾，則宛轉哀號於日軍鐵蹄之下，苟使日本軍隊一旦撤退，則所謂滿洲國之崩潰可立而待。

查九國條約第一條，締約各國除中國外，應尊重中國之

主權獨立及領土行政之完整。日本製造傀儡，從而承認
之，以及其侵略東北之種種行為，其為直接侵犯中國之
主權，嚴重損害中國土地行政之完整，殆無絲毫之疑
義。當時九國條約之締結，即為欲阻止此類事件之發生
者也。

今日本不僅對於中國肆行侵害，且肆意蔑視世界公論，
罔顧其對於其他國家應盡之神聖義務。如日本之行為不
受相當制裁，九國條約當事國坐視該公約之成為廢紙，
其結果誠有不忍言者。良以國際條約是否繼續維持，其
神聖不可侵犯性，胥視此而定。而日本以武力奪取中國
四十萬方哩之土地，復不顧友邦之勸告，正式承認其在
該地一手造成之非法組織，其慘酷結果，不僅限於中
國，即世界和平，亦受不祥之威嚇也。

鑒於上述情形，中國政府認為嚴重局勢，業已發生涉及
九國條約之適用問題，特依據該約第七條之規定，以充
分坦白之意見，通知九國條約當事國政府，並請其對於
日本自去年九一八轟擊瀋陽城，以至今年九月十五日正
式承認滿洲國，所有種種侵略行動因是而造成之事態，
採取有效之應付方法。相應照會貴公使、代辦即希轉
達，貴國政府查照辦理為荷。須至照會者。

六　中國政府宣言

民國二十一年九月十八日

自日軍以武力佔領東北各地後，屢次嗾使或利用匪類叛
徒及其他不良份子，擾亂地方秩序，並於日人暴力脅迫
之下組織非法機關，僭行政權。最近據報，已廢清帝溥

儀，正值天津暴徒以日租界為根據地，擾亂治安之時，有被日人自該日租界劫持至瀋陽，組織偽政府，公然稱帝情事。查凡在日本暴力支配下之東北各地，苟有任何非法組織破壞中國行政之完整者，中國政府及人民概不承認，業經通告國際聯合會及各友邦政府在案。現在溥儀組織偽政府如果屬實，中國政府當然認為叛亂機關，同時，不得不認為日本政府之變相的附屬機關，對於其一切非法行為絕對不能承認，並應由日本政府負其全責。

七　日方的辯解

日本外務省致駐日蔣公使照會

民國二十一年九月二十六日

為照復事，接准本月十七日申字第二六○號來照，所指各節，業經閱悉。查上年九月十八日日軍在滿行動，係因貴國軍隊之挑釁，乃本自衛權而發動者。自是以後，我方為排除對日軍安全，及日本臣民生命、財產穩固之威脅起見，乃執正當合法之行動，其間並無違反上年九月三十日及十二月十日國聯行政院決議之事實。上年十一月天津發生紛擾，乃係貴國內部之變亂，與我方無關。至本年一月以來之上海事件，係因貴國方面對日軍挑釁而起，日軍不過出於自衛行動而已。次則滿洲國之成立，乃出於該地居民自發的意向，於日本政府並無何等關係。至滿洲國政府之行動，非日本政府所當負其責任，自不待言。滿洲國之成立，既係本其居民之自由意思，則承認與否，乃為日本政府所可得自由決定者也。

是以我方行動尤與行政院決議、國聯盟約、非戰公約、九國條約及國際法均無所牴觸，乃本乎正義公道，按諸日本政府迭次公文及聲明，並本年八月二十五日本大臣在日本議會之演說等項，極為明瞭。

來照所云，故為曲解事實，乃欲將以不當之責任嫁諸我方，是為日本政府所斷難容認者也。反之，貴國方面不獨對於日本之權利利益肆行施以惡辣不法之侵犯，且向日軍挑釁攻擊，以致發生滿洲事變及上海事件等事。嗣復使義勇軍等擾亂滿蒙治安，而中國本部排日運動仍極猖獗，其因此擴大事態及違反條約與國際法之事實，乃在貴國方面，因此所生結果，貴國政府應負其一切責任。希將此意轉達貴國政府為荷。相應照復貴公使查照，須至照會者。

昭和七年九月二十六日

所謂滿洲國承認之國際法觀

駐釜山領館報告

日本政府已於本月十五日正式承認所謂滿洲國，同時由日本武藤與偽國鄭孝胥間簽訂一議定書；其內容除日本承認偽國為一獨立國家，及偽國承認日本在東省之中日間一切權利與公私契約外，雙方並誓攻守同盟。日本政府出此舉動，自謂與九國條約不相抵觸，且其承認手續合乎國際公法云云。茲將法學博士米田實之所謂滿洲國承認之國際法觀謬論一篇，譯之如下，以供參考：

一、國家的承認：日本已正式承認滿洲國矣，因此而不得不記憶者，即今次之承認為國家的承認，與大正

十四年承認蘇俄，及昭和三年承認中華民國兩政府之政府的承認，全不相同。本來國家的承認為不能取消者，俄國帝政雖倒，中國共和雖成，而日本承認中國與俄國始終不變，其為問題者，祇不過一國內新產生之政府，是否承認其為該國之政府耳。現如美國之不承認赤俄政府，與承認俄國不生影響，蓋美國不承認赤色政府為俄國之政府也。

二、承認意義及方法：日本之承認滿洲國有何意味，無他，即日本承認滿洲國為國際人格者。換言之，即以權利義務為主體，承認彼此成立國交，與滿洲國之成立，全然無關係也。一個國家就事實論，如領土、人民、主權三項要素齊備，即可成立。至其成立之原因與事情若何，及道義的見解等等，國際法固不問也。且一個國家決不能因他國之承認，得以成立。然國家不能孤立，不得不與他國交際故，若他國起而與之商議開始國交，即加以承認，是亦為必要也。承認方法有明示及默示二種。明示承認之例，如日本於明治三十七年一月七日用勅令承認巴拿馬共和國之獨立，是由單獨宣言而承認者或與被承認國間訂立條約，約中明載承認亦復可行。但大多數國家的承認，都用默示的方法。例如外交部使節之派遣，及接受與新國家締結通商修好條約，及對於新國家領事官發給認許狀等等。日本今次之承認，如派武藤為日本公式使節，赴滿洲國元首捧呈信任狀之方法，即為默示的承認。不論何法，都可以行。日本之承認滿洲國，為日本本身之事，與他國無關。滿洲國現尚非為國際團體之一員，然強國如日本而加以承認，則

滿洲國在國際之地位，得以鞏固，其他與滿洲國關係較深之國家，已感彼此成立國交之必要，勢不得不做日本而亦加以承認也。

三、承認之當否：但此際成為問題者，即母國中國尚未承認，而日本首先承認，是否相當。但一觀過去之實例，母國之承認常在其後。一八三〇年比利士脫離荷蘭而獨立，翌年英、俄、法、普、奧相繼承認，母國荷蘭九年後方承認。敘利亞之獨立，列強於一八二七年已承認該國，其後五年，母國土耳其始肯承認。一九〇三年巴拿馬獨立，九日後美國即予承認，而母國哥倫比亞十九年後始承認。其他如墨西哥之先承認坦西沙司，及西班牙之先承認古巴之關係，遂引起美墨及美西之戰爭。所以，由國際法方法觀察承認滿洲國最適當之期無非：

（一）母國中國若有討伐之意，而無討伐之實力。

（二）滿洲國內表示「安定」時。

然最後裁決，全賴日本自身。總之，承認之遲早，與國際法不相違反也。

四、與國聯之關係：最後一言，即承認問題與國聯之關係。一觀過去之歷史，歐洲諸國處置此事，為保維其母國面目起見，先予新國家行政獨立，經若干年月後，再予完全獨立國之名。總之，無非取漸進策。巴爾幹之羅馬尼亞及保加利亞，即做此策。埃垃始則用宗主權之名，而漸次脫離成一獨立國。然日本今次正式承認滿洲國，不取漸進策，則與國聯正面衝突之機會將臨也無疑矣。余對於此點，不得不重視國際外交之行動也。

第四節　日本加緊控制東北郵電

一　日本收轉東北郵電

行政院致特別外交委員會密函

民國二十年十月二十七日

逕密啟者：案據交通部密呈稱，查日本在南滿鐵路境外所設報房，按照前清光緒三十四年，即西曆一九零八年中日電約之規定，以安東、營口、遼陽、瀋陽、鐵嶺、長春等六處為限，由我國借給電線一條或兩條接至鐵路境界，此項電線祇以傳遞與日本電局往來電報為限。惟茲據上海電報局呈稱，自東三省重要各埠被日軍佔據後，各電局交通均被阻斷，所有瀋陽、長春、吉林、營口以及被佔各地發來電報，概由日方接收，交由煙臺、大連間水線轉遞，其地名末尾加有 Jap（日本局）字樣。至此間發往各該被佔地電報，因我國之天津、瀋陽間陸線阻斷，亦須經由煙臺、大連水線及日本電局收轉。惟查日本在各被佔地收發電報，係屬非法行為。設此間發往各電亦由煙臺、大連水線收轉，則似承認其非法之收發權為正當。設將各被佔地電報不予收轉，則交通完全阻斷，妨礙尤多。現發往各該被佔地電報暫時照收，由煙臺、大連水線經轉以維交通，是否有當，請示遵等情。查按照前項電約，日本在南滿鐵路境外設立報房祇限於安東等六處，而所收電報亦祇以與日本電局往來者為限，其借線期限亦已屆滿，並未經我國允予續借，現在日方自侵佔我東省各地之後，非特對於原定遞電範圍任意擴充，且擅自收發我國各處往來電報，實屬

違反電約，侵害主權，似應急謀應付。查各局現時發往
遼、吉兩省電報，係暫由錦州郵局轉發，往黑省者大都
由哈爾濱及齊齊哈爾無線電臺接轉，至經由煙臺、大連
水線往來之東省被佔各地電報，擬即一律拒絕收轉，以
維主權，是否有當，理合將前項電約抄錄一份，附呈鑒
核遵行等情到院，經提出本院第四十五次國務會議決議
送特別外交委員會，相應抄錄原件，函達查照。此致特
別外交委員會。

附交通部致外交部函

　　　　　　　　　　　民國二十一年七月三十日

逕啟者：准盤恩國際電政公會通電內稱，日本電政局通
知東三省與各外國間往來電報，可由日本經轉等語。查
此事事前並未徵求本部同意，實屬侵犯我國主權，且
與中日電約第五款之規定違反，應請貴部向日本政府
提出抗議，交涉制止，相應鈔錄公會法文來電，中英
文、中日電約各一份，即請查照辦理，示復為荷。此
致外交部。

附件（鈔件三份）

中日電約

　　本約簽押之員係奉中、日兩政府委派，將關東省至
煙臺水線暨日本在滿洲陸線事宜彼此通融和平議商，茲
將議允各款條列於下：

第一款

　　中、日兩國當於關東省某處安設水線一條，通至煙

臺；該水線自離煙臺七英里半之北，歸日本安設管理，七英里之南，歸中國安設管理，設水線於離煙臺七英里半之北，彼此相接，關東一頭全歸日本辦理，煙臺一頭全歸中國辦理。惟該水線每日當直接至煙臺日本郵局若干時，以應日本特別之需，其時刻當足敷所用。由彼此議定，煙臺日本郵局可由該水線收發煙臺本境與日本電局來往之日本官電，及煙臺本境之日本商電。惟此項商電，須用日文書寫。此項電報日本當付給中國本線費若干，其數目當由彼此議定。其煙臺中國電局至日本郵局連接之線，當由中國建造管理，其餘中國各處來往電報，日本允竭力阻止不使在煙臺接轉，並承允若非先經中國允許，於租借地外及鐵路境外中國各處，不安設水線建造陸線並電話線以及各種無線電報。惟以後他國若有舉辦，當援利益均霑之條辦理。至由關東煙臺水線傳遞之報，其本線費及過線費價，當特訂合同遵行。

第二款

日本在滿洲鐵路境外之電線，應由中國付給日本日洋五萬元，當立即全行交與中國，其滿洲鐵路境外日本電話線，日本願與中國妥訂辦法。未訂以前，日本允若非先經中國政府允許，當不再擴充亦不用為傳遞電報，爭奪中國電報生意。

第三款

在滿洲附近日本鐵路境之商埠計安東、牛莊、遼陽、奉天、鐵嶺、長春六處，中國政府允自各該商埠通至鐵路境內借給電線一條兩條，全歸日本使用，以十五年為期。此項電線至鐵路界為止，由中國巡管妥善。

第四款

　　本約第三款所指之借線，應由日本所用之日本報生在中國電局內收發電報，其所需合宜之報房及辦公之處，由中國備給，每年共租金墨西哥洋七百元，由日本付給。惟報生之寓處，不在其內。

第五款

　　本約第三款所指之借線，只可用為傳遞與日本電局往來之報。

第六款

　　在本約第三款內所指之商埠，日本報房當設立於中國電局之內，其投送日本電報之信差，當不著特別號衣。

第七款

　　所有在滿洲日本電線所發之報，日本允每年付給中國政府洋三千元，以作貼回之費。

第八款

　　本約當由中、日兩政府核定，俟煙臺關東水線暨日本在滿洲電線詳細合同訂妥後，即當施行。

本約用英文訂於東京共計兩份彼此簽押已昭信守。

　　　　　　　　　　　西曆一千九百八年十月十二日

大清國電政局襄辦周萬鵬　押
大日本國外務省次官石井菊次郎　押
大日本國政務局長倉知鐵吉　押

二　中國抗議及日方的辯解

蔣作賓東京來電

民國二十一年八月二十六日

南京外交部。內田對於本館三日照會，本日照復如下：
東三省所收發經由中國之外國電報發生不便，關係國有
向日本電政當局申請利用日本通信電路並為謀公眾實際
利便，故通知國際電政公會，以此項電報得由日本經
轉。又中日電約第五條係關於該約第三條之規定，日本
電政當局尊重該約，仍僅於日本電線直轄各地所收發之
電報使用該特別線。貴國政府之抗議並無何等理由云
云。賓，二十五日。

日本外務大臣復照

民國二十一年八月二十五日

條二。機密。第三九號。為照復事，准本月三日申第二
〇九號來照，以東三省收發國際電報由日本電局接轉，
殊有侵害貴國主權且違反中日電信協約第五條，茲奉貴
國政府電命，特照請設法制止等因，業經閱悉。查日本
電信主管廳以近年來貴國接轉東三省收發國際電報，殊
欠圓滑，且關係國方面亦要求利用日本通信線路，故以
避免因此所發生之不便為目的，並為公眾之便利起見，
僅認為依照實際上之必要，此項電報亦可由日本電局接
轉，當即通告國際電政公會。
至於中日電信協約第五條，係規定該約第三條所定關於
使用特別電信線事項，日本電信主管廳尊重上記協約之
規定，按照向來辦法對於該特別電信線，只限於交換日

本電信系直轄各地收發電報之用，故貴國政府之抗議實無任何之理由，相應復請查照，轉達貴國政府為荷。須至照會者。右照會中華民國特命駐日全權公使蔣。

外務大臣　內田康哉

昭和七年八月二十五日

駐日公使致日外務省照會

民國二十一年十月十四日

為照會事，東三省往來電報經由日本電局接轉一事，准本年八月二十五日貴爵大臣照開各節，當經陳報本國政府去後。茲奉本國外交部電令，內開東三省係屬中國領土，該地電務應由中國主管機關辦理，日本電局何得越俎代謀。日本外務大臣復文所稱，中國接轉東省國際電報欠迅捷一節，尤非事實。且東省與日局間，除安東等六處至南滿鐵路境內之借線外，中國政府並未與日方商定接通電路，此次日本電局擅自接轉東省電報，倘非經由該項借線接轉，即係由日方與偽組織非法接通之電路傳遞，其侵犯中國主權、違反中日電約實屬無可遁飾，應即照會日本政府轉行制止等因，相應照會貴爵大臣查照，轉知電政主管機關辦理，並希見復為荷。須至照會者。右照會日本帝國外務大臣伯爵內田康哉閣下。

中華民國特命全權公使　蔣作賓

中華民國二十一年十月七日

日本外務大臣致駐日蔣公使照會

民國二十一年十一月九日

為照復事，接准十月七日申字第二七五號來照，以奉貴國外交部電令，關於日本電報局在東三省之權限問題有所交涉，本大臣殊難充分了解。查在滿洲之日本電報局，係根據中日電報協約及其他約定於其範圍內有執行業務之正當權利，歷來均在此範圍內執行其業務。此項權利為本年九月十五日日滿兩國間締結議定書所確定。日本政府以為按照上述情形，現在日本政府業經承認滿洲國為獨立國，則前項日滿間所辦之電報業務即不應受貴國政府之任何異議，相應照復，希將此意轉達貴國政府為荷。須至照會者。中華民國特命全權公使蔣。

外務大臣伯爵　內田康哉

昭和七年十月二十九日

駐日本公使館快郵代電

民國二十一年十二月十三日

外交部鈞鑒：關於日本電局接轉東三省與外國往來電報一事，奉十一月三十日代電令，再向日本政府提出抗議，要求嚴切制止違背電約合同之行動，並聲明所有因日本違背合同而發生妨礙中國國際電報業務之結果，均應由日本政府負責等因，除已遵於本日備文照會日本外務大臣，俟得復再行陳報外，理合抄錄照會底稿電陳鑒核。駐日本公使館叩。六日。

附照會底稿一件。

致日外務大臣照會底稿

為照會事,關於日本電局接轉東三省與外國往來電報一事,准十月二十九日貴爵大臣照會,當經轉報本國政府去後。茲奉本國外交部電開:中日兩國間關於東三省電報事宜,計訂有中日電約、中日滿洲陸線辦法合同及煙臺關東水線辦法合同,上述中日電約第五款訂明自安東等六處至鐵路境內日本向中國所借之電線,祇可用為傳遞與日本電局往來之電報,乃本年七月間日本未經中國同意,擅自通告國際電政公會接轉東三省與外國間往來電報,顯違該約之規定。日本內田外務大臣照稱,歷來均在範圍內執行業務,殊無理由。又查中日滿洲陸線辦法合同第十款規定,本合同應立即呈請中日兩國政府核准於互換之日起施行,以後或更改,或作廢,應由彼此商准等語,是該合同訂定之各項辦法,自不得由一方單獨加以更改或廢止,日本內田外務大臣照會所稱在滿洲之日本電報局根據中日電報協約及其他約定執行業務,業經日滿議定書確定,不應受中國政府之任何異議一節,尤屬違反合同,侵犯中國主權,應再向日本政府提出抗議,要求嚴切制止違背上述各合同之行動,並聲明所有因日本違背上述電約合同而發生妨礙中國國際電報業務之結果,應由日本政府完全負其責任各等因,相應照會貴爵大臣查照辦理,並希見復為荷,須至照會者。右照會日本帝國外務大臣伯爵內田康哉閣下。

中華民國特命全權公使
中華民國二十一年十二月六日

日本外務大臣內田復照

民國二十一年十二月二十八日

條二機密，第四八號。為照復事，關於日本電局接轉東三省與外國往來電報一事，准十二月六日來照以奉貴國政府訓令，抗議日本接轉東三省外國電報，違反中日電信合同，依照中日滿洲陸線辦法合同第十款規定，本合同各項辦法不得由一方單獨加以更改或廢止，又日本電報局在滿洲所執行之業務顯係違反中日合同，侵犯中國主權等因，業經閱悉。查日本接轉東三省外國電報問題，一如本年一月二十五日條二機密第三九號去照所述，係徇關係國方面之要求，為公共之便利起見，不外因實際上之必要而辦理之，殊不應受貴國政府之任何異議，且日滿間現行之電信業務依照本年九月十五日所成立之日滿議定書，日本政府已承認滿洲國為獨立國家之結果，依照日滿兩國政府間所定辦法正式運用。關於此項情形業經十月二十九日條二機密第四五號去照詳陳在案，殊不應受貴國政府之任何異議。相應照復查照。須至照復者。

昭和七年十二月二十八日

三　日本與滿締結郵政協定

（一）藤原代表滿赴日訂約

駐京城總領事館報告

（朝鮮新聞夕刊）民國二十一年九月二十三日

負有日滿兩國郵政條約改正重任，在急遽東上途中之滿洲郵務司長藤原保明氏，帶同大和事務官於二十一

日午前九時四十分乘車到京城驛。入城後，即往遞信局
訪問山本遞信局長，就鮮滿郵政事務施行重要協議，
午後一時十分，到京城飛行場乘旅客機一路東上。在驛
頭語往訪之記者曰：此次東上，為日滿郵政條約締結之
故。就從來言，本有中國之條約存在，今因日本業經承
認滿洲國之故，乃有締結日滿條約之事。七月間，中國
將滿洲郵政機關一律停閉之際。其受累之處不少，當其
時余因為郵務司長之故，以為時局多事如此，凡通信機
關即一日亦不能停止，於是日本人之有經驗者，以及一
切之有經驗者舉行總動員，以期郵務行政之圓滑。職是
之故，至於今日如郵務行政及通信事務較諸事變之前，
已見增加，其基礎業經確立；又即在人事方面，以外人
之最高主腦者為始，以及事務員信差等等，業經完全更
換。現在事務經日滿人之手處理，頗為圓滑云。

關於新條約之締結，其主要者為電信、郵政及滙兌
三種。此次東上預定約三週間。在東京勾留之際，擬與
日本政府折衝以決定根本案之方針，對於締結條約之內
容，現此處未便明言，然因條約之締結而日滿之郵政事
務，余以為有更見圓滑完璧之希望。

由遞信局官吏可被派而為滿洲國郵務司官吏之人
選，其後因滿洲國人員整理等等之故，屢屢延緩，至本
月間方決定將鐵原（朝鮮）郵便局長米濱鐵藏氏薦任為
間島（吉林）龍井村一等郵局長，慶源（朝鮮）郵便局
次席書記毛利治郎氏委任為間島琿春（吉林）二等郵局
長。該二人業於本月中旬赴任，更因郵務司長藤原保明
氏於二十一日入城與遞信局方面折衝之結果，又決定將

經理課之川端泰造、猿渡綾彥兩氏任命為奉天郵務管理局之委任官。待正式發布命令之後，於十月上旬可以赴任。由遞信局派往滿洲國之官吏於是共得四名，今後如再得對方之要請，似尚派遣若干人員前往之計畫云。

又滿洲國與中國並其他各外國之通信狀況，中國為使自己之立場有利起見，與滿洲國通信事務尚未開始，而以日本為首與其他各外國開始事務後，頗覺圓滿。中國無論如何頑強，終至不能，滿洲國正在等待中國之自返，中國如果自折而來，則滿洲國自有樂而應之之方針也。

（二）日本對滿洲國的郵務政策

盧春芳京城來電

民國二十一年十一月二十一日

南京外交部部、次長鈞鑒：十九日電悉。此案曾於九月二十三日報字第三百二號呈報。現經設法探查，此間確未接有該項協定已成立之消息，又目下日本對於滿鐵附屬地內郵務視同該本國，對於附屬地外即偽國郵務則視同外國，表面辦法與從前對東省無異，餘文詳。謹聞。芳叩。二十一日。

駐京城總領事館呈外交部

民國二十一年十一月卅日

為密呈報事，竊奉鈞部電開，日滿郵政協定已否成立，令即探復，並設法覓取一份寄部，外交部十九日，等因。奉此，遵將設法探查，此間確未接有該項協定已成

立之消息,及目下日方對於滿鐵附屬地內郵務視同該本
國,其對於附屬地外即偽國郵務則視同外國,表面辦法
與從前對東省無異等情形,於本月二十一日電呈在案。
查關於日滿郵政協定云云,當地報紙在九月間日方承認
偽國後,曾加以宣傳(詳見本館九月二十三日報字第三
零二號呈文及附件),旋即歸於沉寂,僅朝鮮總督府官
報於本月九日及十四日載有日遞信省令及朝鮮總督府令
各一件,均係關於日鮮對滿航空、郵政事項,頗堪注
意。奉電前因,除電復外,理合檢同抄件呈報鈞部。敬
乞鑒核。再此事仍在隨時注意,設法探查,倘有確息,
當即電呈。合併附陳。謹呈外交部長、外交次長。

駐京城總領事　盧春芳

附抄日遞信省令及朝鮮總督府令各一件共二紙。

照譯朝鮮總督府官報　第千七百五十二號

昭和七年十一月九日

部令

交通部令第四十七號。

外國郵務規則中改正如左:

本令自昭和七年十一月三日起施行。

昭和七年十一月二日。交通大臣南弘。

第二十五條第三項中,普通二字刪去。

第三十五條第四項中,寄往外國小包郵件句下,添入
除往返本國暨滿洲國間外一語,參照大正十年十二月
二十七日,交通部令第五十六號頒布之外國郵務規則
節錄。

第三十五條第三項，寄往外國之普通航空郵件其經由外國航空路線者，應告知載明寄往國名及郵遞路線。

第三十五條第四項，寄往外國小包郵件不由航空郵遞。

十二月二日官報

朝鮮總督府官報　第千七百五十六號

昭和七年十一月十四日

府令

寄往外國之普通郵件由航空郵遞者，其郵費如左所定：

昭和七年十一月十四日，朝鮮總督宇垣一成

寄往外國之普通航空郵件其在本國航空所收寄，須經由朝鮮境內及朝鮮與關東廳管轄間之航空路線者，每一郵件應加郵費之額如左：函件（除寄往中華民國及滿洲國露封函件外）每重十五瓦或超過之零數均照加十五鈔（日金）。

露封函件（以寄往中華民國及滿洲國者為限）每重三十五瓦或超過之零數均照加十五鈔

明信片（來往明信片，分別往信、來信計算之。）七鈔。

印刷品業務用書類二十五鈔。

商品樣本，小件包裹，載有價格函件每重十五瓦或超過之零數均照加以重二百五十瓦為止，其超過此重量之部分每五十瓦或其零數照加十五鈔。

載有價格裝箱郵件十鈔。

四　日滿郵約

交通部密咨

民國二十三年十月十六日

案據郵政總局密呈稱，案據北平郵務長密函，報稱：
「本月五日全民報載有日滿郵政條約定於十一月上旬在
長春簽字」之新聞一則，並附錄該郵約內容計共六條，
其第六條條文為「兩國郵票通行使用」。查此項通行郵
票辦法實所僅見，即在朝鮮隸屬日本以前，亦未有此先
例，且由偽國寄發之信函，如貼用日本郵票而能在偽國
通行，則將來寄往外國郵件貼用偽票問題，亦可一部份
解決，此點頗關重要，理合檢同該項新聞，報請鑒該辦
理等情，附新聞一則，據此，查該項日偽郵約第三條規
定「二重設施廢止」，諒指廢止南滿區域內日本郵局而
言。按民國十一年間簽訂中日互換郵件協定時，曾附有
換文一件，聲明南滿區域內之中日郵政關係，仍適用
一九一〇年間之協定。上述第三條規定，如屬確實，
似與該項換文不無關係。又第六條規定「兩國郵票通
行使用」此實為國際創例。如其通行範圍，不止在日
偽境內往來，而對於國際郵件亦一律使用，則其影響
甚大，尤以寄至我國之郵件為最甚。惟報章所載，翔
實與否，尚不可知，除密飭北平郵務長隨時探詢呈報
外，理合錄同該項新開，密呈鑒核」。等情到部，除
分別呈報外，相應抄同源附件，咨請貴部查照為荷。
此咨外交部，朱家驊。

附抄件。

照錄中華民國二十三年十月五日全民報新聞一則
日滿郵約

關外情報所謂日滿郵政條約，現已定於十一月上旬在長春簽字。日本遞信省方面曾於上月末與偽交通部科長荒木根據日偽雙方之提案，決定內容。茲採錄如下：
（一）滿日兩國間郵費劃一。（二）滿洲國郵局整理。
（三）二重設施廢止（二重設施，即滿鐵附屬地與偽國郵局間郵件之轉遞）。（四）滿日兩國包裹、小滙兌、普通滙兌、電信滙兌，直接郵遞（滿日小滙兌制度已於八月一日實行，其普通滙兌與電信滙兌，亦將於十一月上旬附同締結條約）。（五）滿鐵沿線持來滿日郵政交換郵局廢止。（六）兩國郵票通行使用。

第五節　日本策劃滿洲國脫離中國

一　滿洲國宣佈經濟建設綱要
滿洲國經濟建設綱要

民國二十二年三月一日

　　一九三三年三月一日，偽滿公布所謂「滿洲國經濟建設綱要」，所有偽滿之經濟建設，悉以之為基礎而設計，該綱要之四大根本方針如下：

　　（一）所有開拓利源，振興實業之利益，不容一部分階級壟斷，而由萬民共享之。

　　（二）為有效開發國內資源，謀經濟各部門之綜合

的發達計，重要經濟部門應加國家的統制，講求合理化
之方策。

（三）當開拓利源獎勵實業之際，應本門戶開放機
會均等之精胂，廣求資本於世界，尤須集先進諸國之技
術、經濟及其他所有文明之精粹，而切實有效利用之。

（四）以東亞經濟之融合，合理化為目標，鑑於與
善鄰日本互相依賴之經濟關係，側重與該國協和，俾互
相扶助之關係，益加緊密。

嗣偽滿以此種國家統制主義與國家社會主義的精神
相混同，有使日本資本趑趄不前之虞，為免誤會計，
一九三四年六月發表左列聲明書。

（偽滿之聲明）關於經濟建設，政府曾於去年三月
一日，發表聲明書，對於建設方針，有所指示，而關於
可由民間經營之事業範圍或尚欠明確，民間事業家似不
無未能澈底明暸其趣旨者，現經政府徵詢關係方面之意
嚮，重行慎重審議，除國防上之重要產業、公共公益的
事業及一般產業之根本基礎的產業，即交通、通信、鋼
鐵、輕金屬、金、煤炭、石油、汽車、硫安、曹達、採
木等事業外，所有其他之一般企業，因事業之性質雖有
時或加以某種行政的統制，而大都希望民間普遍參加經
營。（輯自昭和十三年《滿洲年鑑》）

偽滿產業五年計劃成立之經過

偽滿之產業五年計劃，一九三六年春，已有所擬
訂，不過當時尚未超出紙上計劃之範圍耳。其後偽滿、
滿鐵兩當局，各就其主管部門，進行審議。是年十月八
日，於所謂湯崗子會議，決定其細目的大綱案，嗣於長

春偽中銀俱樂部開聯合會議，決定當地案之骨子。十一月五日敵政府在關東軍會議室，召集板垣參謀長、今村副長以下關係參謀、山本大使館一等書記官及關東局滿鐵產業部首腦，偽滿方面由各部總務司長以下各關係者出席，提出此項計劃草案，為最後的討論，其結果對於資金問題決定於各部門中設專門委員，十二月底當時之偽總務廳長星野直樹、滿鐵理事阪谷同赴東京，向敵政府陳情，請求諒解，其後方製定詳細之具體案，並以偽康德四（一九三七）年為第一年度，開始實行。

據聞：按照當初之五年計劃案，所需金額總數為二十三億五千二百萬圓，如加算移民費及北鐵公債，則共達二十六億之多，其內容大致如下：

（一）重工業部門：

甲、液體燃料　　　　　三億一千萬圓
　　　　　　　　　　　（內煤炭液化費八千一百萬圓）

乙、煤炭一千萬公噸之增產　　一億六千萬圓

丙、鐵及鋼三百萬噸之增產　　一億八千九百萬圓

丁、鋁一萬四千公噸之增產　　四千萬圓

戊、電力水力發電八十萬基羅　　一億五千萬圓

己、軍需品汽車車輛之製造　　一億五千萬圓

（一）交通部門：

甲、新線路之建設　　一億八千萬圓

乙、港灣設施　　現有線路之改良（經費未定）

（一）農畜產部門：

甲、米、大小麥、大豆、亞麻、棉花之增產（經費未定）

乙、緬羊馬匹畜類之增產促進及因之所需之街村共
　　同組合制之施行費一億五千萬圓

（一）「滿洲國」擔任之投資：

電業公司增資六千萬圓，昭和製鋼公司債一億一百萬圓
滿炭公司債八千六百萬圓，滿化公司債一千五百萬圓

（輯自昭和十三年《滿洲年鑑》）

二　溥儀稱帝

皇帝即位對外聲明書

民國二十三年三月一日

滿洲帝國皇帝順天應人，於康德元年三月一日，即皇帝
位於新京。本大臣謹將即位之正義，鄭重聲明於下：我
滿洲帝國三千餘萬人民，於大同元年，乘軍閥顛復之
餘，脫離暴政，宣告獨立，鄰邦日本帝國為保全東亞和
平，本其善意力予援助，使我滿洲成為完全獨立之國。
是年三月十二日，本大臣會以外交總長名義，正式通告
各國。迄今凡經兩載之久，所有建國方略依據世界立國
之基本原則，逐漸推行，一切規畫制度，燦然大備，是
以兩稔之中，勞來安集，民樂其業，雨暘時若，人和年
豐。茲者，各省區市民眾基天意之表現，切望有君，一
致勸進，當此國基日臻鞏固，允宜正名定分，永定國
體，大啟宏圖，以固東方新興王道國家之基礎，亦實為
維繫東亞和平惟一之要圖。顧我滿洲帝國皇帝奉天承
運，新創滿洲帝國，而為第一代之皇帝，自與清國之復
辟，迥然不同；且與中華民國之國民毫無猜嫌之意味。
我滿洲帝國惟當固我疆土，保我黎民，準據新組織法並

將來憲章，勵精圖治，以完成王道之樂土，以維持東亞
之和平，所有大同元年三月十二日正式通告之外交宣
言，新滿洲帝國仍當努力履行，無渝義信，尊天命以安
民心，四海頌昇平之慶，化干戈為玉帛，萬邦親和協之
交。恭逢大典，特此聲明。

康德元年三月一日
滿洲帝國外交部大臣　謝介石

通告各國政府電文

民國二十三年三月一日

我滿洲國於康德元年（西曆一千九百三十四年）三月一
日，執政登極為滿洲帝國皇帝，以立君主制。本大臣特
謹奉聞。本大臣藉此機會，表明我國政府極切望貴國及
我國之關係將來最良好之進展。

康德元年三月一日
滿洲帝國外交部大臣　謝介石

三　外交部長發表重要談話

外交部汪兼長發表重要談話

民國二十三年三月一日

發表談話如下：「溥儀僭號之舉，喧傳已久，全國國民
對於此種叛國行為，不勝憤激。惟自吾人觀察，東三省
及熱河，始終為一種軍事佔據狀態，溥儀諸人，始終為
他人操縱之傀儡，並無獨立人格；無論其名稱為執政、
為皇帝，其方式為民主、為帝制，不過扮演之腳色有所
更易，而於傀儡之本質，則依然無所變化，實無所用其

驚異。總之，我國對於傀儡之態度，始終如一，決不因傀儡之形式而稍有變更，同時，歐美各國之不承認偽組織，亦已成為國際道德之鐵律，亦決不致因傀儡稱帝而前後參差。因苟有背乎此鐵律者，將損及其國家之人格，可斷言也。所可惜者，遠東問題之嚴重性，將因此而益趨於深刻，遠東國際間之糾紛，將因此而益陷於複雜，即不啻加重世界之不安，而其責任固有所攸歸也。」

四　日改組滿洲國內閣

張逆景惠組織偽內閣 （錄自朝報）

民國二十四年五月二十二日

鄭孝胥下台矣　張景惠率群醜組偽閣

（本報二十一日上海專電）日聯社長春電，偽國務總理鄭逆孝胥，以年老體弱，十七日向溥逆請辭，溥二十一日令照准，以偽軍政部長張逆景惠繼任，上午十時在偽執政府行親任禮。鄭逆仍住東北，溥仍以禮遇。又偽閣員除司法馮須清、蒙政王大均外，並發表軍政于芷山、文教阮振鐸、民政呂榮寰、實業丁鑑修、財政孫其昌、外交張燕卿、交通李紹庚、宮內府熙洽、參議府議長臧式毅，又駐日偽使亦升格，擬以謝逆介石任大使。

駐新義州領事館致外部電

民國二十四年五月二十二日　下午三時發

部、次長鈞鑒：第十一號二十一日電，計呈鈞覽。偽組織內閣改組，至昨日午後二時始正式任命。偽閣員名單

與昨午電陳者，稍有更動，茲覓得偽內閣名單一紙抄附呈閱。又聞偽組織對於駐日本之偽公使館亦擬升格，已內定謝逆介石為初代偽大使，正在計劃徵求日本政府之同意云。特聞。駐新義州領事金祖惠叩。

偽組織偽新內閣名單

國務總理	張景惠	民政部大臣	呂榮寰
財政部大臣	孫其昌	外交部大臣	張燕卿
軍政部大臣	于芷山	實業部大臣	丁鑑修
交通部大臣	李紹庚	司法部大臣（留任）	馮涵清
文教部大臣	阮振鐸	尚書府大臣（留任）	袁金鎧
參議府議長	臧式毅	宮內府大臣	熙　洽
參議府參議	謝介石	參議府參議	沈瑞麟

駐京城總領事館呈

　　　　　　　　　民國二十四年六月四日　原呈存情報司

竊查偽組織偽財長孫其昌此次隨同日人至京城，於五月二十四日簽訂北鮮稅關細目協定。其偕來之偽秘書長胡宗瀛（其姓名請守秘密以免日方加害），曩任我國農商部司長。總領事為欲刺探偽組織近況，曾用種種方法思與接談，迄因日人對彼監視未能如願。五月二十六日晨六時，派役將日人武智律師之名刺，赴其寓所，邀遊公園乘間潛至本館。胡某與總領事晤談之際，滿腹牢騷，盡情傾瀉，茲錄其談話如次：

　　「余之在偽組織工作，實屬迫不得已，九一八事變後，日人對東省官吏，監視頗嚴。余因財產妻孥在東省

關係，舉步難能，不能不虛與委蛇，現時偽組織之華人官吏，除少數喪心病狂者外，凡稍有智識之份子，莫不眷念祖國，蓋與其作不自由之高官，毋寧作無羈絆之小民，祇以生命財產俱在日人掌握中，有欲罷不能之勢，其情殊可憫也。」

「鄭孝胥，原係復辟黨，年來言論多屬企望偽國有真正之獨立，使溥儀恢復前清之基礎，與關東軍幹部視東省為朝鮮第二之意見有異，因是大遭南次郎之忌。五月二十日下午二時，南次郎持改組內閣之名單入宮，晤溥儀，囑其簽一『閱』字，翌日即交長岡總務廳長發表，時鄭孝胥正批閱公牘，聞訊一驚，此種晴天霹靂，誠非其始料所及也。此次改組偽閣，均係南次郎一人所主張，新舊閣員，事前完全不知。張景惠之調任偽國務總理，係因其頭腦簡單，甘作傀儡。張燕卿之調長外交部係因其長實業部時，擬有計劃甚多，具有建國規模，日人疑有野心，故使其投閑置散。于芷山之調長軍政部，係摘其軍權。謝介石有內定駐日偽大使說，係因其為臺灣人，可資利用。」

「偽組織各部實權，均操諸日人總務司長之手，部、次長不過簽署而已。各項公牘概用日文，需要漢文時，則由日譯漢。每科事務官之比例，大率日二華一，各機關職員之薪級日人均高於華人一倍。關東軍推薦之人，無不錄用，非有重大過失，不敢更動。一切政治之設施，多半效法朝鮮，日人現倡『偽鮮一家』之口號，有持『滿洲建國』之論調者，陽與周旋，陰加毒害矣。」

「關於偽滿建國時，華人之為虎作倀者，日方均予

以酬勞金，多則二十萬，少則三、五萬，彼等少數人之生活，業已解決，惟被給予酬勞金者，妻孥不能出東省一步，且款存指定之銀行，日人不時調查用途。此次鄭孝胥被免職，南次郎仍令居長春為溥儀師傅，不能擅離，聞將給予退職養老金五十萬。

「日軍近在偽俄邊境者確有十三、四萬人之多，為防俄計，北滿交通，日有進展，黑河滿洲里一帶，均四通八達。輓近五穀不登，農村破產，義勇軍蠭起，華人苦不堪言。日軍畏死，以圍剿義勇軍事責諸偽軍，偽軍不忍戕害同胞，因循不進。日軍無法，迭與義勇軍交綏，損失甚重，每日運骸骨而歸者，約有三十餘名。關東軍司令部在天津、大連設有機關，專以誘致我國失意軍閥政客為務，所費不貲。其以灤東一帶為根據，建設『華北共和國』之企圖，仍在秘密進行中。惟自最近天津暗殺案發生後，為虎作倀之華人咸有戒心。」

「日人在東省以煙、賭、娼三事，麻醉一般官民，凡設有無線電收音機者，不准收聽南京中央廣播電臺之放送，違者處罰。在東省之日方新聞界時時捏造不利於我國之謠言，俾使一班愚氓，無眷念祖國之意。日方復離間在偽組織之華人官吏，使彼等感情破裂，相互猜忌，分成若干派別，以期減少實力。」

所有以上總領事設法刺探之偽組織近況，理合檢同詳載北鮮稅關細目協定之盛京時報剪報一件，密呈鈞部，仰祈鑒核。謹呈兼署部長、次長、次長。
附剪報乙件。

駐京城總領事　范漢生

盛京日報剪報

民國二十四年五月二十五日

北鮮稅關細目協定　京城正式簽字竣事　日滿兩國間歷史的重要協定

　　（京城二十四日發）北鮮稅關協定二十二日於新京，南金權大使並張外交部大臣間已行簽字完畢，隨之細目協定於二十四日午前十一時（日本時間），在朝鮮總督府總督室，由滿洲國側孫財政部大臣與朝鮮側宇垣總督間正式簽字，則茲多年之日滿兩國間重要懸案，已經解決矣。細目協定全文如左：

　　基於通過圖們江國境之列車運行，及稅關手續簡捷協定之細則。朝鮮總督及滿洲國財政部大臣，昭和十年五月二十四日，即康德二年五月二十四日署名，基於通過圖們江國境列車運行，及關稅手續簡捷協定第七條之規定，關於關稅手續細則協定如左：

第一章　總則

第一條　關於通過圖們江直達國境之列車直通運行，及關稅手續簡捷之協定，（以下簡略稱協定）第二條之稅關範圍內，為雄基、羅津及清津之日本國稅關範圍內，並接近該地域之地，而該地域中，經日本國稅關長及滿洲國稅關長之協議，指定為共同檢查區域之區域，協定第三條荷物檢查所，謂圖們車站及上三峰車站柵欄內之全部。

第二條　對方國內派遣之一方稅國關吏，關於運貨輸

出入得遵本國之法令，依前條指定之地域內，及協定第三條第二項規定之『車內協定』及本細則規定，行其職務。

第三條　規定於協定第二條乃至第五條之一方國稅關官吏，於對方國境內檢查，依第一條規定地域內及協定第三條第二項所規定，限定左記各號於車內施行執行檢查。

一、表示輸出或輸入之意義之時。

二、依犯則嫌疑有調查必要之時。

第四條　日滿兩國稅關官吏就鐵道輸送之旅客攜帶品，有檢查必要時，得依檢查準備之必要，由對方國內圖們車站或上三峰車站之直前站乘車。

第二章　保稅運送

第五條　協定第二條所規定之貨物、小荷物、托送手荷物及旅客攜帶之小荷物，得於圖們車站或上三峰車站及雄基、羅津或清津間運送或保稅運送。

第六條　當保稅運送申告時，申告人須向日本國稅關吏使提出運送目錄五份，前項之運送目錄得並用於保稅運送申告書，而日本國稅關吏受理保稅運送之申告時，與滿洲國稅關吏協議處理之。

第七條　免許保稅運送之時，會同日滿兩國稅關官吏施護封於貨車，以認發車，但依第十五條規定將保稅運送貨物與非保稅運送貨物混合載

運之時，得省略貨物之護封。

第八條　前條之貨車到運送地點時，日滿兩國稅關吏共同檢點護封，認無異狀時，許可該貨物之卸下，或讓該貨車之通過。但前條項目，貨車到運送地點之時，日滿兩國稅關吏共同檢點貨物，倘無異狀，為前項同一辦法。

第九條　就保稅運送貨物於第一條規定之地域外，倘發生事故之時，於該地點所在國之稅關吏認必要之措置，該事顛末須向對方國稅關吏通報，雖前項之貨物，總於第一條規定地域，亦須為輸出入手續。

第十條　納之保稅輸送貨物關稅未倘貨物粉失或減少時，又由免許之日起，十五日以內未到於運送地，當令運送申告人交納其關稅，但因災害得減少或稅關之認許減卻之時，不在此限。

第三章　貨物取締

第十一條　輸出入貨物，裝貨或保稅輸送貨物，不得免許不令。

第十二條　於輸出入貨物及保稅運送貨物於第一條規定之地域內，藏置地址，與對方國稅關吏協議後，貨物所在國之稅關再指定該地區。

第十三條　輸出入貨物及保稅運送貨物，搬入於前條之藏置地域。又由前規定之地點，欲搬出時須要對日滿兩國稅關吏報告。

第十四條　輸出入貨物及保稅運送貨物，由貨車卸貨

之時，須對日滿兩國稅關官吏報告趣旨。

第十五條　保稅運送貨物與非保稅運送貨物，於特定許可地址口外，不得令其混載。

第四章　犯則處理

第十六條　協定第四條及第五條之規定，關於貨物輸出入法令違反事件之處理，包含左列各號時：

一、某種行為倘違反日滿兩國法令時，日滿兩國稅關官吏，各分別處理之。

二、違反一方國家法令時（含有在對方國合稅關上手續正當終了之場合），僅該一方國稅關吏處理之。

三、同一貨物，日滿兩國稅關吏之處理不合一時，輸出國稅關官吏，有處理優先權。

四、在前號之場合輸入國稅關官吏於處理犯則事件上，倘必要該貨物俟其處理終了後，交與輸出國稅關官吏。

第十七條　倘發見違反對方國法令之事件，該一方國之稅關官吏（發見者），即為移管於對方國稅關官吏。

第十八條　一方國稅關官吏關於貨物輸出入，倘發見有違反本國法令之嫌疑事件時，即通報於對方國稅關官吏，而就犯則事件處理終了時亦為同一辦法。

第五章　事務連絡

第十九條　規定第十二條之貨物藏置地址之鎖鑰，令
　　　　　該地域所在國之稅關官吏俾保管。

第二十條　倘無保管鎖鑰於稅關吏，而貨物藏置地址
　　　　　必需開扉時，保管鎖鑰之稅關吏即得應其
　　　　　要求。

第二十一條　於一方國稅關吏倘欲收容貨物之時，須與
　　　　　　對方國稅官協議，倘對方國稅官吏受前項之
　　　　　　協議，應於其必要，使該貨物拒絕關稅交
　　　　　　付之貨物，送致於本國須講適當措置，又
　　　　　　收容上無異議時，必須答於對方歐稅關吏。

第二十二條　依協定第四條之規定，倘欲貨物送致之本
　　　　　　國時，將該趣旨要向對方國稅關吏通報。

第二十三條　據協定第四條之規定，於一方國稅關官
　　　　　　吏欲送致本國貨物時，令該貨物之運送
　　　　　　人向對方國稅關為輸出或打回之手續。

第二十四條　為上三峰站、雄基、羅津又清津站貨物之
　　　　　　通關起見，對日本國稅關長，倘有稅關貨
　　　　　　物取扱人有申請免許時，或又於圖們站為
　　　　　　通關貨物起見，對滿洲國稅關長稅關貨物
　　　　　　取扱人申請免許時，各聽對方國稅關長之
　　　　　　意見，以謀處置。又因犯則及其他事由，
　　　　　　停止稅關貨物取扱人之營業或取銷免許
　　　　　　亦同。

第二十五條　一方國稅關長倘欲停止對方國稅關貨物取
　　　　　　扱人之營業，或欲取銷免許該人處分時，

須尊重其意嚮。

第二十六條　一方國稅關官吏於對方國內，欲行調查犯則嫌疑事件，得委託於對方國稅關官吏。

第二十七條　日滿兩國稅關官吏為職務執行上便利起見，左記各號該當之事項，要互相通報於對方國稅關官吏。

（一）輸出入貨物檢查鑑定上必須參考之事項。

（二）關於輸出入禁制品之事項。

（三）新公布關稅法令。

（四）其他必要事項。

第六章　雜則

第二十八條　依協定第二條及第三條之規定，派遣對方國內之稅關官吏之休假及執務時間，須依據對方國之規定。

第二十九條　臨時開廳及定時外之勤務，日滿兩國稅關吏協議各分別處理之。

第三十條　　依協定第二條及第三條之規定，派遣對方國內之稅關吏，於執行職務之時，基於該派稅關吏所屬國之國稅法令，亦包含諸手數料之收受。

第三十一條　滿洲國稅關官吏關於輸出入貨物依申告書之希望，於第一條規定地域內，得令貼滿洲國驗訖證。

第三十二條　鮮總督府承認滿洲國於上三峰、雄基、羅

津及清津，各朝鮮銀行委託之，又其復託
者委託之以為辦理滿洲國國庫金之銀行，
於上三峰、雄基、羅津及清津滿洲國歲入
金之收受，以日本國貨幣充之。

第三十三條　於第一條規定之地域內關於共同檢查之施
全，基於日滿兩國稅關長協議，謀適當之
處置。

第三十四條　本細則於署名之日發生效力。第三十五條
本細則以日本文及漢文作成各二份，倘日
本文本文與漢文本文間解釋不同時，則根
據日本文解釋之，為以上之證據，由左列
者各署名簽字於本細則。

昭和十年五月二十四日

康德二年五月二十四日

於京城作成本文。

朝鮮總督　宇恆一成　印

滿洲國財政部大臣　孫其昌　印

五　日本援助偽組織的方策

（一）日對確立偽組織國際地位的計劃

駐日本公使館報告

民國二十三年八月一日

日本廣田外相對於確立「偽組織」之國際地位，特為重
視，現正參酌軍方意向計劃方策，其原則不外如左：

一、為完成「偽組織」之建國事業並促關係各國再加認
識起見，改革行政組織以確保法治精神，廢除片面

的國際義務，使達於平等之域。

二、其先決問題須使各國對於偽組織之外交權，事實上予以確認，嗣後各國應與「偽組織」直接交涉。

三、各國對於「偽組織」有已承認者，有未承認者，亦有雖未承認而得偽組織許可始派遣領事如俄國者，未能一致，嗣後對各該國當分別待遇。

四、第三國在中華民國之治外法權、領事裁判權，曾於一九二五年由法權委員會決定漸進撤廢之原則，並經各委員向其本國建議在案，其在滿洲者希於可能範圍內迅速撤廢之。

關於此項，對於民事、刑事裁判固須同時進行，而「偽組織」政府之司法警察權，尤期於最速之機會中使各國予以承認。倘第三國對於偽組織之司法權及行政命令視同中華民國，並以領事裁判權為藉口，而不服從，則成為獨立國家發展上之障礙，須徹底排除之。

五、徹底改革日本在滿各機關，以便將南滿鐵道用地之課稅權及一切行政權歸還「偽組織」。又鐵道用地以外之此種行政權，須迅速由「偽組織」悉行接受。

六、日本與「偽組織」將設立特惠制度，以保持日偽間之產業聯合及其他特殊關係。至於對「偽組織」表示好意之第三國，亦得享此特殊利益，惟須以協定內容及對象如何為依歸，關於此點應使各國諒解之。

（二）日派人偵探中國政府對於偽國政策

參謀本部密函

民國二十四年七月三十一日

茲據密報，關於日本外務省情報局駐滿代表等，來滬偵察中國政府對於偽國政策之消息。相應檢抄原件，函達查照為荷。此致外交部。

附抄原件。

抄密報

探聞於七月終，有日本外務省情報局駐滿洲代表兼偽國外交部情報科科長日人Tsatsui——由滿來滬。該氏原定於七月二十四日到達上海，因事在北戴河耽擱，故至七月底始可抵滬。據查該氏顯係日本外務省最有智能之工作者。

此外，並有日本陸軍後備軍官 Miawari 少佐與該氏一同來滬。該 Miawari 少佐係偽國陸軍部偵察科職員，彼於民國二十一年滬戰時，曾在第十四師團司令部中服務，充該師之偵察股長。

據查該氏來滬之目的，大略如下：

1. 偵察中國政府能否承認偽國，而偽國對華政策並將依據該氏關於此種問題之報告而決定。
2. 中國政府如完全不能承認偽國，則須研究在華北成立獨立國家之可能性，並於將來由華北偽政府承認偽國及訂立經濟條約也。
3. 中國政府如能討論承認偽國問題，則須查明中國政府向日本及偽國要求交換條件。
4. 中國政府如能討論承認偽國問題，並須偵察中國關於

經濟性質之要求。

5. 偵察中國政府及國民黨中積極反對承認偽國之要求，及中國政府不承認偽國之他國代表。

6. 考查日本駐華外交及軍事代表，對於承認偽國主義之施行程度。

上述二人來滬及其目的，已得東京之許可，故此日本駐滬外交及軍事代表，對於該二人之行動非常重視也。

（三）偽滿擬在北平設立「外務局」

參謀本部密函

民國二十四年八月三十日

密啟者：據報：「日本外務省及該國駐華大使館，非常注意中國承認『偽滿』之問題，並聞『偽國』擬在北平，設立非正式之『外務局』，藉以發給赴滿護照，並保護『偽國』籍人在華北之利益。又聞在滬，亦擬成立此種非正式之『外務局』，地點當在日本總領事館附近，其任務係發展中滿商務關係，保護『偽國』籍人之生命財產，及發給赴滿護照等事宜，該局主任預定『偽國』外交次長大橋充任，日前且有『偽滿』籍之華人三名，由東北來滬，預定在該局工作；至其在滬原由日人田島領導之偵察機關，則專任政治經濟之偵察工作，及向上海偷運滿洲貨品（如麻醉劑）等事項。又據日本領事館傳出消息：日人預料中國政府，於最近期內，或可被迫承認『偽國』，嗣後該『外務局』即可正式工作，顯係『偽滿』駐華之公使館或領事館也。如中國不承認『偽國』，則該局當在日大使館掩護之下，繼續工作，

管理『偽國』人之一般問題，且日大使館以日滿協定，及中國不承認『偽國』為藉口，擬自本年十月一日或十一月一日起，擔負保護旅華『偽國』籍人之責任，關於此項問題，曾於七月一日在滬召開之日本駐華領事會議中，經已討論。」等語。案關外交情報，相應密請貴部查照，並希預籌應付方法為荷。此致外交部。

六　滿洲國變更東北地方行政區域

駐新義州領事館代電

民國二十三年十月五日

外交部鈞鑒：案查偽組織變更地方行政區域，已於情字報告呈報在案。茲查得該偽組織於本月三日，以偽國務總理之名，發表重要聲明，變更地方行政區域為十省。除將省名及省公署所在地另紙錄呈外，謹電奉聞。駐新義州領事朱芾，叩。

偽組織變更地方行政區域省名及省署所在地一覽表	
省名	省公署所在地
奉天省	奉天
濱江省	哈爾濱
黑河省	黑河
間島省	延吉
錦州省	錦州
吉林省	吉林
黑龍江省	齊齊哈爾
三江省	佳木斯
安東省	安東
熱河省	承德

行政院交下華族生存團結會報告書

民國二十四年六月十九日

為日本現在東省處置情形切實報告書

日本現在將東三省劃分十省區，除奉、吉、黑外，添間島、承德、三江、錦州、黑河、安東、濱江為省區，揣其用意不過拆整為散，使不易結合，抑復在東塔、長春、承德、龍沙、安東、黑河、綏中、綏芬等處建機廠，又在佳木斯大興土木，以三年完成，定名曰新東京。日人在各省區除設官賭外，並售白麵，又添綠、紅、黃三種，毒力尤烈。現移鮮民二百一十餘萬，分發各省區，強租民田種稻，收穫均歸日人。復縱該鮮民欺壓我民族，公然聲稱日本係爺爺，鮮民係爸爸，你們係兒子。又對於各縣追索積欠錢糧甚厲，若不盡繳，即看押。因此，民眾被迫自殺者，層出不窮，欠糧仍不能免，非全家死盡，即將該地出售折糧。又有浪漫日人收買民間荒賬，只要有人就得還錢，否即看押。村中雞、犬、牛、羊均納稅。各商按賬繳營業稅，偷漏即查封。在十省中，共編村兵三十萬，歸日人教練統帶，以備將來驅策。又以東省大豆用賤價勒買一百萬噸，向德國易飛機七百餘架，復購各種化學毒品，更包買棉花、燃製火藥。凡滿屬各機關職員薪在百元以上者，均換日人。各學校均奴化，添日語，增日教員。所有各機關職員均學日語，三日後考試不及格者汰除。近時日人向沿海一帶自由晒鹽，並向舊灘戶勒買舊灘，如不售，限以用機器製，倘不肯購，即將灘收歸日人。更向關內募工修阪凌鐵路，欺以月資二十元，及至工勞資薄，還壓資不

付，工人多有不要錢逃回者。又有難民由臨江、輯安一
帶逃津聲稱：日本在該處推行人頭稅，男女每月各七
角，未成年減半，乏資以工折，否即看押。如遠行除起
旅行券二元外，並不准帶行李，如攜須納出境稅。會寧
鐵路早完成，行人由火車起磅可帶包裹，徒步不准攜
帶，見即扣留。中東路已由偽國贖回，將來徒行，必受
同一痛苦。奉天日本營設惡狗圈，見街上乞丐即帶交伊
設收容所，閉於機室，由外按機即絞死落圈中，聊充狗
食。凡在滿國知識份子如稍有抗日嫌疑者，即逮喂狗，
如斯失踪者甚多，無敢究詰。刻下現相，社會中人民困
苦、商業蕭條、農村破產、學校荒蕪、賭博繁興、毒物
充斥、金融縮緊、盜賊叢滋，此日本處置東省情形，據
實呈報鈞鑒。謹呈行政院。

　　　　華族生存團結救國會長　署肇東縣知事　張德堃

七　日滿簽訂經濟協定
蔣作賓東京來電

民國二十四年四月十八日

南京外交部。一四七號，十八日。一三一號電敬悉：
日本擬組織日偽經濟共同委員會，以統制滿洲經濟。
駐滿參事谷正之來東京與當局接洽，現關於該委員會
條約草案，業經對滿事務局、外務省及關係官署審議
完畢。聞已令駐滿全權南次郎與偽組織商洽後，再諮
詢樞密院，約於五月間正式簽字云云。其草約大綱另
郵呈鑒察，賓。
附註：一三一號去電，係聞日偽擬訂經濟條約仰查復

由，電報科謹註。

日滿經濟協定內容（世界日報剪報）

民國二十四年七月十六日

協定分六條並附屬書一份　首次會議昨即在長春舉行

設置日「滿」經濟共同委員會之協定，昨晨已由南次郎及張燕卿間簽字。協定內容共分六條，並附屬書一份。委員共計八名，日「滿」各任命四名，日方委員為關東軍參謀長西尾壽造等，「滿」方委員則為張燕卿、孫其昌等四名，共同委員會第一次委員會，昨即在長春開會，至其所諮詢之重要問題，則為撤銷領判權之調查事項等，日外務省方面，特發表談話，略謂：日政府切望今後能依委員會之運用，而確使日「滿」經濟上之依存關係，為之鞏固云。茲錄昨晚所得電訊於下：

（日本聯合社長春十五日電）

關於日「滿」經濟共同委員會設置之協定，十五日午前十一時在長春由日本代表南次郎與「滿洲國」代表張燕卿間，互相閱看全權委任狀，認為妥當後即舉行簽字。

（長春十五日電）

日「滿」經濟共同委員會十五日在長春舉行首次會議，出席委員，日方為關東軍參謀長西尾，日使館參事官谷正之，關東局總長大野綠一郎，關東軍經濟顧問竹內可吉，「滿」方為張燕卿等。諮詢重要問題如

下：一、關於撤廢領判權之調查事項與條約案。一、日
「滿」通貨統制事項。一、關稅問題。一、調整及統制
兩「國」產業，為日「滿」經濟集團強化之第一步。
一、創設日「滿」合辦特殊公司之監督。

（電通社東京十五日電）

　　日外務省當局方面，因設置日「滿」經濟共同委員
會之協定，業於本早正式簽字，故特行發表如下之外務
當局談，以顯示日「滿」兩國緊密不可分之關係，自軍
事外交發展至經濟的領域情形，並闡明該委員會設置之
意旨。其談話如下：對於「滿洲國」之日本國策基調，
在體諒曩時脫退國聯詔敕與日「滿」議定書意旨，而事
尊重「滿洲國」之獨立，促進其健全的發達，並伸張其
與日本間之不可分的依存關係，自不待言。此次兩國政
府，以對設置日「滿」經濟共同委員會之意見，完全一
致，而於本日簽字該項協定，實屬至可慶賀之事。故日
本政府切望今後能依本委員會之運用，而確使日「滿」
兩「國」經濟上依存關係為之鞏固，以資有所貢獻於東
亞之安寧與福祉。

協定內容（日本聯合社東京十五日電）
外務省公布：日政府及「滿洲國政府」，為使日本及
「滿洲」之經濟上之依存關係永遠強固起見，希望日
「滿」兩國經財之合理的融合。因此兩「國」政府，
依昭和七年九月十五日簽字之日本「滿洲國」間議定
書，關於日「滿」兩國相互間之重要經財問題，認為日

「滿」兩「國」有舉充分且堅實協同之實的必要。故兩「國」政府，決設置日「滿」經濟共同委員會。茲成立協定如下：甲、第一條，於「滿洲國」長春，設置日「滿」經濟共同委員會。第二條，委員會就關於日「滿」兩國提攜之重要事項及日「滿」合辦特殊會社業務之監督之重要事項，應日「滿」兩「國」政府之諮詢，將其意見具呈兩「國」政府。第三條，日「滿」兩「國」政府，就前條事項預開諮詢委員會，俟其呈具意見而後處理之。第四條，委員會於必要時，關於日「滿」兩國經濟之合理融合之一切事項，得向日「滿」兩「國」政府建議。第五條，就委員會之組織及運用，依據本協定附屬書之所定辦理。第六條，本協定自簽字之日起施行。本協定正文為日本文及漢文。日本文本文與漢文本文之間，解釋相異時，依日本文正文而決定。下列各名各受本國政府之正當委任，已簽名蓋章於本協定，以作信守。昭和十年七月十五日，即「康德」二年七月十五日於「新京」作成本書二通，南次郎、張燕卿。乙、附屬書，（一）委員會委員為八名，日「滿」兩國政府各任命四名，相互通報。委員有事故時，關於其代理者，得經註箚「滿洲」之日本全權大使，「滿洲國國務總理大臣」相互協議而後使之出席，代理者於委員之名行其職權。此外，日「滿」兩國政府於必要時經商議後得各任同數之臨時委員。（二）議長由委員之內選定之。（三）向委員會派參事若干名，參與整理庶務。由參事隨員中，日「滿」兩「國」政府各任命同數。（四）委員會之議事，以過半數決定之。

可否同數，由議長取決。議長不妨以委員資格參加決議。（五）委員經日「滿」兩「國」政府之承認，定其議事規則。

委員名單（日本聯合社長春十五日電）

日「滿」兩「國」政府，基於經濟共同委員會協定附屬書之決定，兩「國」委員分別任命諸氏如下：一、日本政府委員：關東軍參謀長西尾壽造，關東局總長大野綠一郎，大使館參事官谷正之，關東軍經濟顧問竹內可吉，二、「滿洲國政府」委員、「外交部大臣」張燕卿、「財政部大臣」孫其昌、「實業部大臣」丁鑑修、「國務院總務廳長」長岡隆一郎。

撤銷東北領判權大綱已決定（電通社長春十五日電）

關於「滿洲國」領判權撤銷問題，邇來根據昭和八年之基礎案，在東京、長春兩地迭開會議討論，迄今之結果，已獲決定其大綱如下：（一）領判權之撤銷，當採漸進主義。（二）漸進主義之順序，為第一郵稅權、第二課稅權、第三警察權、第四司法權，而以司法權之撤銷，作為已獲完全實行廢除領判權。（三）滿鐵附屬地，當於撤銷司法權時，即依自然消滅之形式，交還「滿洲國」。

（電通社長春十五日電）

「滿洲國」因決行國勢調查，已以「國務院」之「統計

處」為中心與各機關接洽中。其內容係分為靜態調查與動態調查兩項，而自本年度起開始進行，以期於五年內完成之。

八　日本撤廢在滿治外法權一部之基本協定

新聞報剪報

民國二十五年六月十一日

日本撤廢在偽國治外法權一部之基本協定（同盟社十日新京電）

於日滿國交上劃一紀元之日本帝國撤廢在「滿洲國」治外法權一部之基本協定，十日午後三時在新京外交部，由帝國全權大使植田謙吉與「滿洲國」外交部大臣張燕卿之間，舉行歷史的簽字，同時由日滿兩國政府發表協定文，其條約正文如下：

大日本帝國政府，依昭和七年九月十五日簽字之日「滿」兩國間議定書之主旨，為促進「滿洲國」之健全發達，且使日「滿」兩國間現存之緊密不可分之關係，永遠鞏固起見，決將日本現在「滿洲國」所有之治外法權漸次撤廢，且調整乃至移讓南滿洲鐵道附屬地之行政權，因此「滿洲政府」感於日本政府之此項決定，認為在日「滿」兩國親密之「滿洲國」領域內，有確保增進融合發展之必要，故兩國政府關於日本國在「滿洲國」之治外法權，及南滿洲鐵道附屬地行政權，先就日本國臣民之居住及各種權利利益之享有，乃至「滿洲國」之課稅產業等之適用法律，協定如下：

第一條，日本國臣民得在「滿洲國」領域內，自由

居住往來，並得從事商工業其他公私各種之業務及職務，且得享用有關於土地之一切權利，日本國臣民在「滿洲國」領域內一切權利及利益之享受，不得比「滿洲國」臣民受不利益之待遇。

第二條，日本國臣民在「滿洲國」領域內，依本條約附屬協定之規定，須服從「滿洲國」關於課稅產業等之行政法令，在南滿洲鐵道附屬地，日本國政府承認前項之「「滿洲國」法令，得依本條約附屬協定之規定屬地的施行之，關於本條之適用，日本國臣民，無論在如何之場合，不能比「滿洲國」臣民受不利益之待遇。

第三條，前二條之規定，苟適用於法人，日本國法人亦適用之。

第四條，本條約之規定，不影響根據日「滿」兩國間特別約定之日本國臣民，或法人之權利特權特點及免除。

第五條，本條約自昭和十一年七月一日，即康德三年七月一日起實施。

第六條，本條約之正文，為日本文及漢文，日本文本文與漢文本文之間如解釋不同時，以日本文本文決之，下列之名，由各本國政府受正當之委任，簽字於本條約，以為證據，昭和十一年六月十日，即康德三年六月十日，在新京作成本書二通，滿洲國駐箚大日本帝國特命全權大使植田謙吉，「滿洲帝國」外交大臣張燕卿。

附屬協定（同盟社十日長春電）

關於日本國民在「滿洲國」居住及「滿洲國」之課稅等

件，日「滿」兩國全權委員，已於十日協定條款，茲錄其大要如左：第一條，「滿洲國」政府將從來日本國臣民所有之商租權，應其內容變更土地所有權，及其他關於土地之權利，當迅速採取必要之措置。第二條，依條約第一條所規定，關於日本國臣民應服之「滿洲國」課稅產業等之行政法令範圍，及其適用之狀況，應先由日本駐「滿」大使與「滿洲國」外交部大臣協議決定之。第三條，日本領事館遵守領事裁判之一般規則，可適用「滿洲國」該項法令，本條所規定之罰款、科料或宣稱沒收之際，其罰款科料，或沒收物，均應歸「滿洲國」政府管理。第四條，日本政府根據別紙與「滿洲國」政府之協定，至遲當於昭和十二年十二月三十一日以前，撤廢或移讓在「滿」之行政警察，在該項撤廢或移讓以前，條約第二條關於「滿洲國」法令中課程，及特別與南滿鐵道附屬地之行政警察權有關係者，則不能施行於上項附屬地，南滿鐵路附屬地之行政警察有關係之法令範圍，應豫先由駐「滿」日本大使與「滿洲國」外交部大臣協議決定之，日本政府在移讓滿鐵附屬地之行政警察以前，為確保謀附屬地內外之日本臣民課稅負擔均衡起見，自條約實施日起，「滿洲國」課日本臣民之國稅，須極力實施同樣之課稅於該附屬地，滿洲國政府遵從日「滿」別項協定，凡關於滿鐵附屬地滿鐵公司之土木、教育、衛生等等施設，倘未經該公司之處理，不得在該附屬地課以地方稅，第五條至第七條從略。第八條，協定與條約同時實施，本協定由兩國全權委員署名調印為據。

第二章

國際聯盟對日本侵略行為之處理

第二章　國際聯盟對日本侵略行為之處理

第一節　將東三省事變申訴於國聯

一　中國的申訴

外交部致日內瓦施代表等電

（原電係英文，民國二十年九月十九日及二十日分發，此係譯件）

前發中文電計達。現已完全證實，我方毫無挑釁舉動，日軍公然向我攻擊，我方雖絕未抗拒，而彼仍繼續向我開火，砲轟我營房及兵工廠，星期六晨六時半，佔據瀋陽全城及其附近，包括所有公共機關，安東之佔領亦已證實，希速就上開事實及下開意思，實向國際聯合會正式提出，日軍似此攻擊未曾挑釁而絕未抵抗之中國軍隊，並佔領瀋陽及其他各處之突然行動，實為自國際聯合會成立以來各友邦國交史上所未有之事，中國政府已向日本政府緊急嚴重抗議，現在日軍尚無立即退出佔領區域之意態，中國政府請求國際聯合會，立即並有效的依照盟約條款，取適當之措置，使日軍退出佔領區域保持東亞和平，中國政府決定遵從國際聯合會關於此事所為之任何決定，再今日形勢適發生於中國遭遇從來未有大水災之時，此點亦可一併提明，提出後，盼將情形電復，並已電令駐美容代辦，告諸美政府，又已電令其他駐簽訂非戰公約各國使館，告知駐在國政府。外交部。

外交部致駐國聯代表電

民國二十年九月二十日

Chinese Delegation Geneva。密。十九日洋文電悉。芳澤所稱 Collision，實係日軍片面攻擊絕未抵抗之中國軍隊，已如今日英文電所述，希相機切實辯正，日軍佔領瀋陽時，用野砲轟擊各機關及兵工廠，以致火藥庫爆炸，又軍民直接或間接死傷於日軍砲火者，為數甚多，現正電請張副司令調查，確數俟查明電達，除安東外，據傳長春、營口、鳳凰城等處，亦有被佔領之說，但尚未經官報證明，至日方宣傳，此事因我軍毀壞南滿路之橋樑而起，實屬捏詞，昨已電達。今日有日軍進攻前，先自炸毀路軌，以為藉口之說，如日方提及此點，應力加否認。外交部。

外交部致日內瓦施代表電譯文

民國二十年

東三省為中國領土完整之一部，日本軍隊在東省繼續之進展，斷然置國聯盟約、非戰公約及九國條約於不顧，致造成一種嚴重之局勢，中國為國聯忠實之會員，職責所在，以為不能不請求行政院採取立即及果斷之行動，不但保持依照盟約中國公認之權利，而且維護國際公約之神聖，日本顯然破壞盟約規定，各會員國不得訴諸戰爭之一切條文，縱令日本對於中國有任何之請求或藉口，該國自應尊重其在盟約及非戰公約上莊嚴之義務，以和平方法求一解決，乃日本不此之圖，自始即使用武力，以為其對華侵略、國家政策之工具，現在問題甚為

明瞭，即日本是否破壞盟約第十條，蓋在該條之下，日本與其他各會員國，同樣正式擔任尊重並保持所有聯合會各會員國之領土完整及現有之政治上獨立，以防禦外來之侵犯也，日本是否破壞盟約第十二條，蓋在該條之下，日本曾同意對於各種爭議，勢將決裂者，應予提交公斷，或依法律解決，或交行政院調查，無論如何，非俟公斷員裁決或法律判決或行政院報告後，三個月屆滿以前，不得訴諸戰爭也。日本是否破壞盟約第十三條，蓋在該條之下，日本曾同意對於各項爭議，認為適於公斷或法律解決者，應將各該爭議提交公斷或法律解決，並對於遵行裁判或判決之聯合會任何會員，不得以戰爭從事也。日本是否破壞盟約第十五條，蓋在該條之下，日本承認將未經提付公斷或法律解決之爭執，提交行政院，且對於遵守行政院報告內，建議之一造，不得從事戰爭，夫盟約既禁止一會員國，即在獲得一有利裁判或判決或行政院報告後，亦不得立即訴諸戰爭，則日方縱有充分案情，亦迄未採取一種步驟，亦未用極微努力，將其案情提付和平解決，是日本應避免與中國以兵戎相見之義務，當更重大矣，日本之破壞盟約，甚為明顯，毫無疑義，究當如何辦法，國聯究應如何辦法，為答復各該嚴重問題，盟約本身已有明文，查第十六條規定：「聯合會會員如有不顧本約第十二條、第十三條或第十五條所定之規約，而從事戰爭者，則據此事實，應即視為對於所有聯合會其他會員有戰爭行為，其他各會員擔任立即與之斷絕各種商業上或財政上之關係，禁止其人民與破壞盟約國人民之各種往來，並阻止其他任何一

國為聯合會會員或非聯合會會員之人民與該國之人民財
政上商業上或個人往來。」

上述三條文中，無論蔑視何一條文，事實上即構成對
於所有國聯其他各會員之作戰行為，故應立即執行所
列舉之制裁，惟日本同時破壞第十二、第十三及第
十五三條，是以中國深信行政院必立即進行採取辦
法，將第十六條付諸實行，否則世界對於國聯存在基
本之目的，將不無疑問，而對於將來和平之前途，將
抱失望也。

中國政府與國民，自此次問題發生以來，即忠實的信
任國際聯合會，認為在此全世界共同所遭遇之危險時
期中，擁護國際公約之權威與信任國際共同之團體，
為吾人唯一之義務，故雖任何困難與犧牲吾人皆刻意
忍受，過去六十餘日，中國政府與國民之一切行動，
無不為忠實的信守國聯盟約與嚴格的履行行政院決議
之表現，日本蓄意破壞全部盟約之事實，已經明白昭
著，危險情形，刻刻增加其重，國聯及其各會員國此
時唯一之義務，惟在於毅然執行第十六條規定之制裁
方法，已屬毫無疑義，然行政院尚十分委曲求全，希
望於實施制裁辦法之外，發現一解決之途徑，中國政
府對於國聯行政之苦心，亦十分諒察，惟須請求注意
者，即國聯此時，必須不忘神聖之責任，迅速議決和
公道之切實辦法，立即見諸實行，否則中國所取之途
徑，惟照此第十六條而已。

駐日內瓦施代表照會國際聯合會秘書長

民國二十年九月二十一日

秘書長閣下，茲遵本國政府訓令，請貴秘書長注意後開事實，並請根據國聯盟約第十一條，由貴秘書長立即召集行政院會議，以便採取明敏有效之方法，俾國際和平得以保持。

查九月十九日會議時，中、日代表已將滿洲之嚴重情勢，報告於行政院。中國代表並已聲明據當時所得之消息，此次事變之造成，中國方面絕不負其咎。九月十九日以後，中國代表又接本國政府電告，得悉情勢之發展，較第一次所報告者更為嚴重。並稱日本正式軍隊，於九月十八日夜十時，無故向瀋陽或其附近之我國軍隊轟擊，同時將兵工廠、營房炸壞，火藥庫焚毀，並將長春、寬城子及其他地方我國軍隊解除武裝。嗣復佔據瀋陽、安東及其他各城，各地之公共機關，均經強佔，各交通路線，亦被日軍奪據。

我國軍隊及人民因遵守本國政府命令，對此強暴行為，並未抵抗，以避免任何可使情勢擴大之舉動。中國為國際聯合會會員之一，鑒於上述事實，認為所生之情勢，國聯殊有依據盟約第十一條之規定，採取相當行動之必要，故本代表奉本國政府訓令，請行政院根據第十一條所賦與之權力，立採步驟，阻止情勢之擴大，而危害各國間之和平，並恢復事前原狀，決定中國應得賠償之性質與數額。

中國政府對於行政院之任何建議，及國際聯合會對於本案之任何決議均願完全遵行，合併聲明。

施肇基（簽字）一九三一，九、二十一，日內瓦

二　顏代表演講詞

顏代表電演詞之大要如下：

　　日軍進攻滿洲，係其無可辯護之侵略初步，二十萬
方英里之土地，被其佔領，中國出於聲訴國聯之一途，
行政院犧牲時間，以求停調此案，全體通過兩議案，令
日本退兵，乃日本違背其允諾，行政院停會以來，中
國政府所剩餘之行政官廳，又被毀滅，日軍現正進攻熱
河，中國北部、中部及南部均在危險之中，日軍並有佔
據福州、青島及上海之威嚇，日本之政策，在使中國承
認其滿洲之吞併，並強迫官廳，禁止因日本武力所激起
之民意表示之一切舉動，本代表現須喚起注意，即此問
題成為日本以似是而非之理由，背違其允諾，而此種允
諾究竟有無價值，應請國聯考慮其在調和執掌以外之
辦法。至十二月之方案，包括（一）日本實行撤兵。
（二）調查團向當地調查。（三）行政院仍注意此事並
設法：一、停止對於和平之威嚇。二、對於爭端最後之
解決予以便利，日軍之前進，大足加強對於和平之威
嚇，調查團現將進行其工作，而情形則不相同，關於第
一辦法已完全失敗，至第二辦法則調查團尚未就道，將
不逕行前往該處，而計程後須在四月中始能到達，此則
中國政府非常失望者也。中國對於根據第十一條採取最
後解決方法之適宜，因希望得有良好之結果，曾表示感
謝，現則根據他條，而採取必要之程序，尤為急迫，滿
洲之事，不僅中國關心，且危及以和平方法解決爭端之

觀念，尤為重大，中國依賴行政院設法，使其議決各案，得以立即執行，而遵守其盟約。

主席注意於上海形勢之嚴重，並力勸中、日盡力約束，以防止形勢之擴大，行政院並將考慮十二月十日以後之行動，曾否違犯議決案。

顏惠慶

第二節　國聯行政院的議決

一　行政院九月三十日決議案

行政院會議主席白里安提出決議草案

民國二十年九月三十日

行政院：

一、知悉中、日政府對於行政院主席所為緊急申請之答復，及為應付此種聲請所取之步驟。

二、對於日本政府之聲明，謂對於東省並無圖謀領土之意，認為重要。

三、知悉日本代表之聲明，謂日本軍隊業經開始撤退，日本政府當以日本人民生命財產之安全，得有切實之保證為比例，仍繼續將其軍隊從速撤退至鐵路區域以內，並希望從速完全實行此項意願。

四、知悉中國代表之聲明，謂中國政府對於鐵路區域以外日僑生命財產之安全，在日軍繼續撤退，中國地方官吏及警察再行恢復時，當負責任。

五、深信雙方政府均願避免採取任何行動，以擾亂兩國之和平及諒解，並知悉中、日兩國代表已保證各該

國政府採取一切必要步驟,以防止事變範圍之擴大
與嚴重。

六、請求雙方盡力所能,速行恢復兩國間平常之關係,
並為求達到此項目的,從速完成上述保證之實行。

七、請求雙方隨時將關於情勢發展之消息,充份供給於
行政院。

八、決定如無意外事件發生有即時開會之必要者,於十
月十四日在日內瓦再行開會,以考量彼時之情勢。

九、授權於主席,經向各同僚尤其兩關係國代表諮詢
後,認為無須再行開會時,得取消本院十四日之
會議。

二 行政院十月二十四議決案

議決草案

行政院:依照其九月三十日所通過之議決。

知悉:除中國援引國際聯合會盟約第十一條外,多數政
府並曾援引巴黎公約第二條,茲特:

(一)重述中、日政府在該議決中,向行政院所為之諾
言,尤其日本代表之聲明,謂日本政府當依照切實保證
日人生命財產安全之程度,繼續從速將軍隊撤退至鐵路
區域以內;及中國代表之聲明,謂中國政府當負保護鐵
路區域以外日僑生命財產安全之責任。此實為切實保護
居留滿洲日僑之保證。

(二)重述兩國政府已保證避免足令現有情勢擴大之任
何舉動,故兩國政府不能訴諸任何侵略政策或行動,並
須採取消除政府行動之辦法。

（三）重述日方之聲明，謂日本在滿洲並無領土野心，並知悉此項聲明與國聯盟約及九國公約之條款相符合；九國公約各簽字國曾保證：「尊重中國主權與獨立及領土與行政之完整。」

（四）深信實踐上項保證及允諾，為恢復兩方正常關係所必要，故：

（甲）要求日本政府立即開始並按序進行將軍隊撤退至鐵路區域以內，俾在規定之下次開會日期以前，得完全撤退；

（乙）要求中國政府履行其負責保護所有居住滿洲日僑生命安全之保證，並採定辦法，於接收日軍撤退之各地時，得能保證在各該地日僑生命財產之安全，並請中國政府使各國代表與奉派辦理此事之中國官吏接洽，俾各該代表得觀察此項辦法之實行。

（五）建議中、日兩國政府立即指派代表，商訂實行關於撤兵及接收撤退區域各事之細則，俾得順利進行，不致延緩。

（六）建議一俟撤兵完成後，中、日兩國政府開始直接交涉兩國間之懸案，尤其因最近事件所發生之問題，及關於因滿洲鐵路狀況而發生之現有各項困難問題，為達此目的，行政院提議雙方設立調解委員會，或類此之永久機關。

（七）決議延會至十一月十六日，屆時行政院對於時局將重予考量。但授權主席：認為有必要時，得提早召集會議。

三　國聯行政院的決議與聲明

國聯行政院之決議

民國二十一年二月十九日

（一）行政院鑒於中國代表，根據盟約第十五條第九節之規定，請將中日爭議提交大會，議決將上述爭議，依照盟約第十五條第九節提交大會。

（二）行政院鑒於各會員國代表，為參加軍縮會議，現在日內瓦者幾佔全數，是以在短時間內通告，大會即可召集，議決於三月三日召集大會。

（三）行政院認為已經制定之辦法，對於考慮爭議，蒐集必要消息者，仍將繼續。

（四）行政院請相爭各造，竭力將第十五條第二節所規定之案情說明書，連同一切關連之事實與文件，送交秘書長，以備大會應用。

（五）行政院依照盟約，繼續維持和平工作之任務，不因本決議而有所變更。

第三節　國聯行政院第六十六屆會議再討論中日事件

一　中國依盟約第十條及第十五條申訴

中國政府致國聯提請適用盟約第十條與第十五條之申請書

民國二十一年一月十九日

逕啟者：本代表茲遵照本國政府訓令作下列之通告：

（一）國際聯合會兩會員國即中國與日本間現有爭議；

該爭議起於後者，違反國聯盟約之規定，施行侵略，侵犯前者領土行政之完整及其政治之獨立。

（二）此項爭議，從未依照國聯盟約任何條款提交仲裁或法律解決。

（三）上述爭議，現已達到似將使中、日邦交立即破裂之程度。

（四）中國茲提請，對於上述爭議適用（並非減損國聯在盟約第十一條所載運用其機能，已採取或將採取之辦法，且增加之）。盟約第十條及第十五條，並將該項事件，正式提交行政院，俾可依照上述條款，採取一切適宜及必要之行動。

（五）為此目的：中國請參照自一九三一年九月十八日迄今在行政院依據盟約第十一條，於上述爭議所用之手續上，中國前次所發表及提交之一切聲明暨文件，現並採用包含與上述事件關連事實及文件之案情，作為此案之聲明書。相應函達，即希查照為荷。順頌日祉。

顏惠慶　一月二十九日

二　日本論中國為一無組織之國家

日本之聲明書

下文為其摘錄：「盟約僅適用於有組織的民族，國聯盟約之序端，已為明白規定，此乃規律各種民族間之關係。余不能不說明：吾人在遠東須應付一國，此國余不願說，但事實確如此內戰逾十年，情況完全混亂，而呈不可想像之無政府狀態。」

「此種情勢，所以發生日本與中國間之困難，倘此

種困難，係在另一有組織民族及有效率政治之國家發生，則吾人行動必迥異，必不採取現在之行動，將已接受任何方式之和平解決，必可嚴格尊重盟約之規定。」

「中國於十二年前被承認為國聯會員國，因視其為一有組織國家並有常規之政治。中國之被承認，以有此資格也。但事勢遷移，中國已完全改變，中國軍人間之迭次內戰，已引起一種完全無政府狀態。致在華外人，依據各種條約、公約所享之權利、利益，已不復能得保護，此所以有利益在華之各國，不得不常採方法，以資應付，而此種方法，如在有組織之國家，必不許用也。於此，吾人不乏先例，吾人之立場，實與過去數年間若干家所採者相同，吾人不能不自行保護吾國人民之生命財產，倘過去數年間有某一國所採之方法，被認為合法的自衛或保護，則日本今亦主張同樣之權利，倘吾人今日之行動，被斥為侵略行為，則在華有利益之其他各國所採之行動，亦應同視為侵略。行政院倘指責日本之敵意行為，則其對於吾人所早已認為同樣之行動，何以自解，應請先行示知，因此類行動概係中國現狀之結果也。設中國之狀況得入正軌，則過去採取極端手段之列國，必不採極端之手段，必不以極端手段為必要，必陳請國聯行政院採取和平的、常規的方法，解決其爭端。但事實上未能如此，足證國聯尤其行政院不能與在其他自然的、正當的情況之下，同將盟約之規定嚴格解釋，充分應用矣。」

「日本實逼處此，無可奈何，其所採行動，純以保護本身之利益耳。」

「由上海退兵,即使日本放棄其一切權利、利益之防護,日本絕對不能同意。任何國政府必不能對此同意。」

三　中國代表痛予駁斥

中國代表之駁詞

下文為其摘錄:「吾人在此僅有四、五小時,本冀採取有效方法,以阻止中夜(日內瓦時間)將起(上海)之可怖戰事,而日本代表如此佔吾人時間,余已能見其肺肝,然彼既出許多惡聲,侮辱中國政府,余認為余應稍佔諸位之時間,以駁斥其說。」

「近十二、三年來,本人居於中國,故能證明本國之實際狀態,余居華北,亦居華南,更在中國行經不少地方,余雖認中國稍有混亂,但中國之大與歐洲等,人民之眾達四萬萬,諸位試想:在如此大國之內,如何能完全安寧?完全有秩序?且中國由君主專制忽變為共和國,在調整之過程中,攘擾在所不免,此不可不注意,然描寫中國為一混亂的無政府之國,其為謗言,極為明顯。」

「日本代表曾說及組織良好之國家而國家如日本者,其陸、海軍突突狼奔,不受政府之節制,是否為有組織之國家,余不敢知其外交官於行政院會議席上作種種誠懇善意之允諾,而此等允諾,詰朝即被破壞,此足以表示組織良好之政府乎?日本曾對二、三大國嚴重允諾:不往錦州,未數日而日人已佔錦州,此亦足見其政府組織之良好乎?」

「方地震時，吾國人在日曾被屠殺；約一年前，朝鮮暴動，無辜華商又被殺戮，厥數踰百，此亦組織良好之政府乎？」

「由吾觀之，日本代表之言頗自矛盾，一方面謂中國政府無組織，致成混亂及無政府之狀態；他方面，則又堅持必與此政府談判，設該政府而無組織，何以日本必欲與之直接談判？何以不將該項事件交由國聯解決，此吾所大惑不解者也。」

「中國即有內戰及混亂，亦由於日本按年津助一黨以反對他黨。余可立言：其大部分責任應由日本負之。夫知中國過去二十年歷史省，均能證明，此種援助乃以金錢、軍隊與軍火，供給一政黨以反對他政黨，是何以故？自因日本不欲中國統一強盛。於此乃見日本之政策與歐美列強之大相反也。余確憶格雷（Lord Grey 是時為 Sir Edward Grey）曾在英國會宣言：英國樂見中國之強大統一。但余可向諸位保證，日本對華之希望，適為相反。至以九國公約於中國困難之日，而為之衛護，又足見西方列強之願望矣。」

「國家必經革命時期，而締造艱難，無可避免，歐美列強均有此經驗，吾人不過為時稍後耳。日本則常乘機取利，余已有言日本常反對中國之強盛統一，中國每有機會，居一偉人之下，如前之袁世凱總統及今之蔣介石將軍，以完成其統一，日本即進而種種作梗，以阻其成功，故倘謂中國有混亂狀態，則多由日本詭計所演成。」

「目前上海已呈戰爭狀態，滿洲處於侵略者鐵蹄之

下，而南京又被砲擊矣。各位試想，吾國政府能在南京安閒工作乎？自然南京各部祗得徙居比較安全地帶繼續服務，余能向諸位保證：中國團結實無踰於今日。吾國軍人昔雖內鬨，今則已同隸一軍，研究捍國禦侮之策。」

「日本代表竟以未得國聯保護，嘖有煩言，余聞之至覺其滑稽。彼究欲何種保證乎？余認為：日本不僅不當受保護，且應受嚴重懲罰，日本已在滿洲於肆意轟炸城市之後，造成傀儡政府，今又來國聯要求保護。吾恐此項請求，實不勝荒謬。」

「余覺日本代表之演說中，尚有侮辱其他列國之處。因其謂他國曾在中國有過同樣行動，而國聯曾未予以注意。余已述及：余居中國十二年，余頗知吾國之外交史事，余不能憶及在中外關係之歷史上有類此行為，余不能憶及任何他國有類此侵略行動，如過去數月間日本之所為者。」

「日本代表曾述及前張作霖將軍斯人，余所深知彼出身行伍，擢升將校，終成滿洲無冕之王。彼甚聰明，間亦不智。曾反叛中央政府，吾想此又出於日本之挑動，中央曾遣兵討伐，張又藉日本助力而與中央軍抗戰。日本於援助張氏之中，取得某種讓與，但張為一愛國者，戰事既終，即拒踐諾言。因之在開赴瀋陽火車中，被日人以炸彈謀殺，此即張作霖將軍之簡明史事。」

四 中國請將爭議提交大會

中國代表致國聯秘書長請將爭議提交大會函

民國二十一年二月十二日

逕啟者：關於中日爭議，行政院業經根據國聯盟約第十、第十一、第十五諸條，予以處理在案。查按照該盟約第十五條第九節，行政院有權得將此案提交大會；同時並有規定：如經相爭之一造請求，應即如此辦理。惟此項請求，應於爭議送交行政院後十四日內提出等語。茲因格於所規定之期限，中國政府不得不申請將上述爭議，提交大會；但行政院之意，倘欲將該項爭議自動提交大會，或以所賦予之一般權能，召集大會，對於此項爭議加以考慮，則中國政府當準備將其申請撤回。相應函達，即希查照為荷。順頌日祉。

惠慶　二月十二日

五 行政院的決議與聲明

國聯行政院之決議

民國二十一年二月十九日

（一）行政院鑒於中國代表，根據盟約第十五條第九節之規定，請將中日爭議提交大會，議決將上述爭議，依照盟約第十五條第九節提交大會。

（二）行政院鑒於各會員國代表，為參加軍縮會議，現在日內瓦者幾佔全數，是以在短時間內通告，大會即可召集，議決於三月三日召集大會。

（三）行政院認為已經制定之辦法，對於考慮爭議，蒐集必要消息者，仍將繼續。

（四）行政院請相爭各造，竭力將第十五條第二節所
規定之案情說明書，連同一切關連之事實與文
件，送交秘書長，以備大會應用。

（五）行政院依照盟約，繼續維持和平工作之任務，
不因本決議而有所變更。

第四節　大會的決議

一　大會的決議

國聯大會議決案

民國二十一年三月四日

大會於申述行政院二月二十九日所議決之提議，並聲明
不妨害提議中所包含之其他方法後：

（一）請中、日政府，立即採取必要之方法，使兩方
軍事當局所發停戰之命令，得以有效。

（二）請求在上海有特別利益關係之列強，以前項辦
法實行之狀態報告大會。

（三）勸告中、日代表：以上述列強文武官憲之協助，
開始磋商，訂立辦法，須確定停止敵對行為，
並規定日軍之撤退；務請上述列強，隨時以磋
商情形向大會報告。

國聯大會決議案

民國二十一年三月十一日

第一節　大會：

鑒於盟約所載各項規定，對於此次爭執完全適用，尤以關於：

（一）嚴格尊重條約之原則。

（二）聯合會會員，擔任尊重並保持所有聯合會各會員領土之完整，及現有政治上之獨立，以防禦外來侵犯之諾言。

（三）將彼此間所有一切爭執，以和平手續解決之義務。

採用一九三一年十二月十日，行政院主席白里安宣言中所奠立之原則。回溯行政院十二會員，於一九三二年二月十六日，致日本政府○○書中曾重申此項原則，宣言凡輕視盟約第十條之規定，蹂躪聯合會會員領土之完整及變更其政治之獨立者，聯合會各會員均不能認為有效。鑒於上述規定，聯合會會員國際關係及和平解決一切爭執之原則，與巴黎公約完全相符；而該公約實為世界和平機關之基石。其第二條規定：「締約各國互允各國間設有爭端，不論如何性質，因何發端，祇可用和平方法解決之」。

在本會尚未採取最後步驟以解決受理之爭執時，特宣告上述原則及規定，負有一種必須遵守之性質；並聲明凡用違反聯合會盟約及巴黎公約之方法所取得之地位、條約及協定，聯合會會員均不能承認之。

第二節　大會：

鄭重申說，如由任何一方用武力壓迫以覓取中日爭執之
解決，實與盟約精神相違背。

回溯一九三一年九月二十日及十二月十日，經當事雙方
同意之行政院所通過之決議。

並回溯一九三二年三月四日，經當事雙方同意之關於切
實停戰及日軍撤退事項，大會本身所通過之決議。

知悉聯合會會員，在上海租界有特殊利益之國家，與於
此項目的，準備充分協助，並請求各該國於必要時通力
合作，以維持撤退區域之治安。

第三節　大會：

緣一月二十九日，中國政府之請求，將聯合會盟約第
十五條之手續，適用於此次之爭執，緣二月十二日中國
政府之請求，將此次爭執依照盟約第十五條第九節之規
定提交大會，並緣二月十九日行政院之決定。

鑒於本會接受處理中國政府請求中所指爭執之全部，應
負有適用盟約第十五條第三節所規定「調解」手續之義
務；並於必要時，應負有適用同條第四節所規定「說明
建議」手續之義務。

爰決定組織十九會員之委員會：即以大會主席為該委員
會之主席，連同當事國以外之行政院會員，及用秘密投
票選出之其他會員國代表組織之。該委員會代表大會執
行職務，並受大會之監督，應：

（一）從速報告關於依照一九三二年三月四日大會之
　　　決議，停止戰事及締結協定，使上述戰事切實
　　　停止，並規定日軍撤退各事項。

（二）注意一九三一年九月三十日及十二月十日行政

院通過決議之實行。

（三）經當事雙方之同意，並依照盟約第十五條第三
　　　節之規定，從事預備解決爭執之辦法，並擬且
　　　聲明提交大會。

（四）於必要時得向大會提議，向國際審判法庭，提
　　　出請其發抒意見之聲請。

（五）於必要時，從事預備第十五條第四節所規定之
　　　報告書草案。

（六）建議一切似屬必要之緊急辦法。

（七）於最早時期內，向大會提出第一次報告書，最
　　　遲不得過一九三二年五月一日。

大會請求行政院將一切視為應行轉送大會之文件，或附
帶意見轉致委員會。

大會並不閉會，主席親為必要時得召集之。

二　中國代表對局勢的意見

駐國聯代表致外交部電

民國二十一年十二月十五日

南京外交部。四十二密呈。三中全會、國民政府鈞鑒，
並密轉各省黨政軍領袖均鑒：此次國聯大會討論中日問
題，各方對日本之違約侵略行為及其手造主持偽組織各
點，均已公認，但日代表松岡作軍閥之喉舌，以武力為
後盾，祗知張大其詞，不顧公理，對國聯則極端蔑視，
對我國則肆意詆毀，歷述中國養兵二百餘萬為世界冠，
連年兵士自相殘殺，將領互為仇讐，勇於內戰，怯於對
外，國家無組織，民族如散沙，統一不可期，強固中樞

之建立更無望。自華府會議迄今，歷時十餘載，中國不惟毫無進步，且每況愈下，此外侮衊恫嚇之詞，不一而足，代表等雖一一痛加駁斥，但一般印象，視日本如瘋漢，手持利刃，莫敢攖其鋒，視我政府如病夫，四肢麻木，愛而莫能助，更堪駭異者，昨日日代表松岡通告國聯，謂山海關之衝突，已於十日午由中日軍事當局協商解決，華方道歉，並負責取締義勇軍與抗日運動云云。此訊果確，不特上述各種印象益深刻化，而我外部十一日向日使所提之抗議與代表等最近在國聯所發之言論，都成笑談矣，曷勝悲歎。代表等默察現勢，深信東案解決，萬難完全依賴國聯，將來最多得一道德上、法律上之裁決，以後做法，全賴我政府與人民下最大決心，作最大努力，不特澈底抵制日貨，並由各方抽調勁旅，守衛熱河，萬勿使其為東省之續。榆關方面，敵如再犯，亦應堅決抵抗。一面積極援助東北義勇軍，勿使其被各個擊破。語云求人不如求己，西諺曰，天助自助者，吾人必須充分表現自衛自救之精神，始可保世界之同情，得國聯與友邦之援助，收復失地，挽回國運，胥賴於此，用敢披肝垂涕以陳，敬祈鑒察，否則代表等在外，雖舌敝唇焦，含垢忍辱，亦無裨於黨國，惟有束身司敗，敬謝不敏矣。顏惠慶、顧維鈞、郭泰祺。十四日。

第五節　將上海事變申訴於國聯

一　日本的哀的美敦書

日本軍隊司令官致送中國軍隊司令官哀的美
敦書

民國二十一年二月十八日

（一）中國軍應於二十日晨七時以前，自第一線撤退
　　　完畢，並於同日下午五時以前，自指定區域撤
　　　退完畢 該地所有軍隊及其他軍事設施應即撤
　　　去，並不得新設。

（二）日本軍於中國軍撤退時，祇以飛機偵察撤退之
　　　情形，不行射擊及追逐。又中國軍隊撤退後，
　　　日本軍僅留駐於工部局越界築路區域，包括虹
　　　口公園在內。

（三）第一線撤退完畢，日本軍將派遣官員，以證實
　　　完全撤軍之範圍。

（四）中國軍對於在該撤退區域外日人之生命財產，
　　　應負保護之責。若對便衣隊不切實鎮壓，日本
　　　得採適當之手段。

（五）關於在上海附近（包括撤退區域）外國人之保
　　　護，另行商議。

（六）關於制止排日行動，應切實履行約諾，此當由
　　　日本外交官另行交涉。

如以上各項不能實行時，日本軍不得不採取必要之行
動，一切責任當由中國軍負之。

二 上海會議

國聯行政院主席在行政院會議之聲明

民國二十年二月二十四日

（一）中、日兩軍在上海區域內即將有大規模之敵對行為，生命損失重大，感情益趨激烈為不可避免之結果；在此危急時期，吾人全體實負有義務，須勿逸時機，亟求辦法，使國際聯合會兩會員國間，不幸之軍事衝突，得以停止，而獲一和平途徑，俾可遵循。接得英國代表消息謂：昨日上海談話之事屬實，意欲得一停止敵對行為之調停辦法，該辦法已各向本國政府請示，吾人全體對此消息，表示欣忭。行政院準備以最有益方法在適當時間，對於鞏固和平狀態，有所貢獻。

（二）是以余已將諸同仁召集，其宗旨在於將求達此目的之提議，置於諸同仁之前，欲求此提職之有效執行，非但須中、日兩國政府之接受，且須在上海租界有特別利益而現並駐有代表之主要列強之合作，就地貢獻友誼之協力；因該項協力之必要，不減於中、日兩國當局，對於提議計劃切實與誠懇之同意也。

（三）此項計劃如下：

    （甲）立即在上海召集一會議，以中、日兩方及上述列強之代表組織之，俾求戰事得一最後結束，而上海區域之和平狀態，得以恢復。

    （乙）會議須根據：1. 日本無政治或領土之企圖，無意在上海設立日本租界，或增進其獨享之利益。2. 中國出席會議，基於公共租界及法租界安全完整之必須保持，於商訂辦法之

下，俾此等區域及其居民免受危險。

（丙）會議之舉行，當然須待就地已訂有停止敵對
行為之辦法，行政院深信此事可以極速完
成。茲提議由主要列強駐滬之文武官憲盡力
予以可能之協助，俾得鞏固該項辦法。

（四）此項建議，以立刻恢復上海和平為目的，並不
妨礙或變更行政院或任何國家關於中日事件前此所取
地位。

行政院主席，希望以其個人及同仁之名義，邀請中、日
兩國及上述列強切實合作；因彼等在當地所處之地位，
能使其對於停止武力衝突及恢復和平之共同目的，可予
以特殊之貢獻也。

三 上海停戰協定之簽訂

該協定全文如下：

第一條 中國及日本當局，既經下令停戰，茲雙方協
定，自中華民國二十一年五月五日起，確定
停戰。雙方軍隊盡其力之所及，在上海周圍
停止一切及各種敵對行為。關於停戰情形，
遇有疑問發生時，由與會友邦代表查明之。

第二條 中國軍隊在本協定所涉及區域內之常態恢復，
未經決定辦法以前，留駐其現在地位。此項
地位，在協定附件第一號內列明之。

第三條 日本軍隊撤退至公共租界暨虹口方面之越界築
路，一如中華民國二十一年一月二十八日事變
以前，但鑒於須待容納之日本軍隊人數，有若

干部隊可暫時駐紮於上述區域之毗連地方。此項地方，在本協定附件第二號內列明之。

第四條　為證明雙方之撤退起見，設立共同委員會，列入與會友邦代表為委員。該委員會並協助佈置撤退之日本軍隊與接管之中國警察間移交事宜。以便日本軍隊撤退時，中國警察立即接管。該委員會之組織，及其辦事程序，於本協定附件第三號內訂明之。

第五條　本協定自簽字之日起發生效力。

本協定用中、日、英三國文字繕成，如意義上發生疑義時，或中、日、英三文間發生有不同意義時，應以英文本為準。

四　國聯大會通知各會員國

國際聯合大會：

（一）鑒於三月四日及三月十一日大會兩次議決案，勸告中、日代表由在上海公共租界有特殊利益各國之文武官吏之協助，進行談判締訂辦法，以確實停止敵對行為，並規定日軍之撤退。

（二）鑒於特別委員會非處於談判人之地位，因三月四日及三月十一日大會兩次議決案所擬具之辦法，祇可就地擬訂，如於進行談判中，或於實施上項辦法發生重大困難時，參預談判之各國，有將該項困難報告特別委員會之權。蓋該委員會係「代表大會並受大會之監督而行使職權也。」

（三）鑒於此項談判應遵照上述兩議決案進行，當事者

之任何一造，不得堅持與該兩議決案矛盾之條件。

（四）知悉停戰協定草案之條款，已送達大會所設之特別委員會，並經雙方當事者所接受。

（五）認為此項條文，與上述各議決案之精神吻合。

（六）特別注意按照該協定草案第三條，日本政府擔允將其軍隊撤入公共租界及虹口地方之越界築路，一如一月二十八日事變以前之原狀。

（七）聲明依據大會三月四日及三月十一日兩次議決案之精神，日軍應在最近之將來，實行撤退。

（八）聲明三月四日之議決案，非至日軍完全撤退，不能聽為充分遵行。

（九）知悉協定草案規定設立共同委員會，包含中立國人員在內，以證明雙方之撤兵，並協助佈置日本軍隊撤退與中國警察接管間之移交事宜。一俟日軍撤退，中國警察即行接管。

（十）知悉該共同委員會將按照其議決，以最善之方法，監視第一、第二、第三各條之履行。其第三條規定日軍願完全撤退，一如一月二十八日事變以前之原狀。

（十一）知悉按照協定附件第三號所定，共同委員會之職權，既在監視第一、第二、第三各條之履行，則於上述各條規定之履行有任何疏懈時，應有按照該附件規定之手續所為之決定。促使注意之權。

（十二）誠懇建議：當事雙力應繼續談判，俾得迅速結束。並請在上海公共租借有特殊利益之國家，對於此事，繼續居間斡旋。

（十三）明白指出：除非三月四日及三月十一日兩次

議決案所定之辦法成立，本問題有再交大會之必要。

（十四）請在上海租界有特殊利益之各國政府，將共同委員會按其職權所得之消息，報告國聯。此項消息，應由各國參加該委員會之代表供給各該國政府。

第六節　國聯調查團來中國實地調查

一　行政院決議派遣調查團

行政院決議

民國二十一年十二月十日

（一）行政院重申九月三十日一致通過之決議，業經中、日兩方聲明各受其莊嚴約束。故行政院要求中、日政府採取必要步驟，實行該項決議，俾日軍得依照該決議所開條件，儘速撤退至鐵路區域內。

（二）行政院認為十一月二十四日會議後，事變更為嚴重；知悉兩方擔任採取必要辦法，防止情勢之再行擴大，並避免任何行動，致再令發生戰爭及喪失生命之事。

（三）行政院請兩方繼續將情勢之發展，隨時通知行政院。並請其他會員國將各該國代表就地所得之消息，隨時供給行政院。

（四）行政院鑒於本案之特殊情形，欲協力促進兩國政府，謀兩國間各項問題之最後根本解決，決定派遣一委員會，該委員會以五人組織之，就地研究任何情形影響國際關係，而有擾亂中、日兩國和平，或和平所維繫之諒解之虞者，報告於行政院。中、日兩國政府各得派委員一人，襄助該委員會，並應予以一切便利，俾該委員

會所需之任何消息，均可得到。茲了解兩方開始任何商議，該項商議不在該委員會職務範圍之內。又該委員會對於任何一方之軍事辦法，無干涉之權。該委員會之委派及其考量，對於日本政府在九月三十日決議內，所為日軍撤退至鐵路區域內之保證，並無任何妨礙。

（五）在現在及一月二十五日舉行下次常會之間，行政院仍在受理本問題中，請主席注意本問題，並於必要時再行召集會議。

二　中國對調查團應提事項之建議

外交部研究委員會電

民國二十一年一月十四日收

南京外交部。密。真（十一）酉信密敬悉。對於調查委員會應提事項，鄙意以為消極方面，應將日人欺蒙世人謬說，如中國不尊重條約、日本自衛權、國防必要及鐵血換來之權益等，加以駁正。積極方面，應使調查團澈底明瞭下列各點：（一）日本傳統之侵略政策，如表現於二十一條、田中奏章、拓務省之會議紀錄等。（二）違犯及超越條約之事項，如駐兵設警等。（三）意圖獨霸東省交通，阻止經濟發展，前如新法、錦愛各案，近如吉海、大通西支線諸案，又如鐵路借款優先權、吉海、吉長接軌之阻止，森林、礦產之包攬等。（四）九一八之變之責任，應證明其為有計劃有組織之預謀。（五）事變以後，領土行政完整之破壞，與主權之侵害，其最著者，如日本人之任瀋陽市長，瀋海鐵路局監督等，臧省長之拘禁，新政權之醞釀，錦州之攻擊，炸

燬人煙稠密之城市，破壞北寧路之行車，擅提外債擔保之關、鹽稅等，奪取公家及私人之產業及所經營實業銀行公司等。（六）操縱新政權之譸張為幻，用意在使三省為朝鮮之續，而遂其吞併之野心。（七）佔領區域，摧毀中國合法政權，藉以造成勦匪自衛之口實。（八）排日純係日本壓迫之自然結果，然究不如日本侵略教育與宣傳之普通持久。（九）中國保僑之努力，如平壤慘殺華僑之案件，在中國尚未發現。（十）日人在東北接濟賊匪，大規模售賣毒品之事實等，謹貢所見，以供參考，外交研究委員會叩寒（十四日）。子。

外交部致北平張副司令電

民國二十年十一月十二日

北平張副司令勳鑒：密。頃准天津王主席、張市長真、文電告，與日人訂定五項辦法，經提出特種外交委員會詳細研究，認為所訂五條辦法，日方態度與前日事起時，迥然不同，恐係日本欲以彼所自製之便衣隊為犧牲，藉此卸除其陰謀搗亂之責任，我方對於國聯之報告，已認定此事為日人所擺佈，現在與之合作，罷免不中其奸計，使國際視聽為之淆亂，務請尊處電令王主席、張市長，格外審慎，將情形隨時詳細電告，一面更應繼續盡量搜集日人教唆證據，公布中外，仍由本部轉電施代表，詳告國聯，以明真相，外交部。文。

三　參與國聯調查團中國代表團致李頓說帖摘要

　　查東省事變之原因及其事實，世界耳目未必周知，加以虛偽之宣傳，闢不勝闢，維鈞為使調查團明瞭事實真相起見，特向調查團提供各種說帖，俾有依據，計自五月至八月，提出總說帖一件，分說帖二十八件。總說帖對於中日糾紛之種種問題及日人之違法行為作大體之陳述，分說帖則對於各種問題更為詳細之討論，其性質又可分為兩種，一為指出日人種種之侵略行為及違法舉動，一為駁正日方所為之惡宣傳而加以說明，茲將各種說帖，說明如左：

（一）關於中日糾紛問題之總說帖

　　本說帖歷述六十年來，日本侵略我國之歷史，若佔領琉球、臺灣，若併吞朝鮮，若出兵山東，若此次東北事變、天津事變、上海事變，均為上述侵略政策最著之事例，並序述中日兩國條約關係之基礎，駁斥日本侵佔東省之設詞，聲辯近來中國民眾表示之正當及中國官廳對於抵貨風潮不能取締之理由，末章說明日本所採行為，違背國際公法通則與條約之規定，舉凡國聯盟約、華會條約、非戰公約，無不破壞殆盡，目下應急之務，在於遵照國聯之決議，將駐紮所謂鐵路附屬地以外東三省各地方之日軍，立即撤退，由中國製定並執行保護日本人民財產之條約，恢復中國東北之政權，公平解決日本此次侵犯各處之責任與賠償問題，蓋非若此，不能為中日糾紛圖一根本及公平解決之方法也。

（二）關於平行線問題及所謂一九零五年議定書之說帖

　　本說帖說明在一九〇五年北京會議時，並無任何秘

密議定書之簽訂，日政府所稱秘密議定書十六條云者，乃於每次會議所記載之臨時諒解中，任意摘出，分定甲、乙，此項諒解，苟非隨後列入正式條約之中，或對於正式條約內所載之未決事項，足以闡明其意義者，則其本身可謂毫無約束之能力，緣由一九〇五年北京會議所產生之一九〇五年十二月二十二日中日正式條約及附約，並未提及平行線問題，更無條文給予日本權利，使得因此阻止中國在東省建築鐵路，故自上述兩約，經中日兩國批准之日起，日方所稱之秘密議定書，業已喪失其法律之意義及效力。

（三）關於日本佔領東三省之說帖

本說帖首述日本處心積慮而行其侵略之程序，及其逐步之實現，次述此項東省事變經過之情形，末尾二章，謂目下東北一切戰略上之地點，重要之城鎮、鐵路之中心，皆已為日軍所攫取，日本之籌劃，不僅為對外力來侵時作戰略上之防禦，且為將來侵入長城以南之張本，同時中東路中段之被佔，可使日本阻止他日蘇聯政府保護其海濱省之動作，查日本此次之於東省轟炸毫無防禦之城市，殺我無辜人民，非法沒收私人財產，置海牙陸戰規條於不顧，即使中日處於實際戰爭之狀態，於例亦有所未合，目下東省各項行政機關，無一不入日人之掌握，其種種措施，似非所以維護世界之和平及和平所倚賴之國際諒解也。

本說帖復將九月十八日事變以前，日本對於三省軍事上之準備，及該事變以前三省中國軍隊之配置，軍隊之實力暨長春之佔領、龍江之佔領，九月十八日以後錦

州備戰之經過，日本破壞東省郵政之情形，逐一述其概略，編為附件六件，附於本說帖之後，以補充說帖內之所未盡。

（四）關於二十一條及一九一五年五月二十五日中日條約之說帖

　　本說帖依據法律上及公理上之理由，說明日本當日提出二十一條及要求簽訂一九一五年條約時之情形，在習慣上、先例上、學理上均無此例，該項條約實違背國聯盟約，蹂躪中國獨立及其領土行政之完整，破壞門戶開放主義。中國代表在巴黎和會及華盛頓會議中屢次聲明，該條約之於中國，不過有此事實，而眾議院及參議院亦曾於一九二二年十一月一日，及一九二三年二月十九日先後通過該條約無效之決議，中國政府並於一九二三年三月十日經由中國駐東京使館照會日本，聲明此項條約及換文，本國輿論始終反對，本國代表迭次在巴黎和會及華盛頓會議提出此案，要求取消等語，即日本自身亦不視該條約為確定，有時取消其中某一部分，有時表示該國承認該條約根本上可容修改，中國政府認為該條約之重加考慮，予以廢止，乃為奠定遠東和平必要條件之一種，中國之所以反對該約者，由於日本有強索中國讓與權利之性質，亦由於日本所用以取得此項讓與權利之方法也。

（五）關於朝鮮人在東北各省地位之說帖

　　本說帖敘述朝鮮人移居東北問題之複雜，援引中日兩國國籍法以說明朝鮮人之二重國籍問題，實為本問題最難解決之一端，初時間島一帶朝鮮人之地位，有

一九零九年滿韓定界條款以規定之，但嗣因日本插入
一九一五年中日條約及換文問題，遂使一九○九年條款
所規定辦法之適用，增加糾紛，復加之以日本在該地一
帶設立毫無條約根據之日本警察，干涉中國地方官之施
行職權，情形乃愈形嚴重，遂致事變迭出，其最著者，
自為日方所藉以辯護其侵入東省全部之萬寶山事件。

　　本說帖並將民國十四年中日雙方商定取締韓人辦法
大綱，及同年取締韓人辦法施行細則，譯列篇末，作為
附件，並於說帖內說明，中國當局常被指摘謂為壓迫韓
鮮人，要知避居東北朝鮮人中之一部，既深懷恢復祖
國之念，常有秘密之政治活動，中國為表示對日邦交起
見，不得不盡力為之約束，且朝鮮人為善於種植稻田，
常為本地農民之勁敵，中國官廳之行使其固有職權，公
布章程條例，保護本國農人之利益，亦屬當然之事。

（六）關於吉會鐵路之說帖

　　本說帖敘述吉會鐵路之歷史，駁斥上年十一月日本
發表五十三懸案內所提出三項之誣衊，說明日本代表送
達調查團小冊內所稱，一九二八年五月十五日，中日當
局為完成吉會鐵路所簽訂之兩項合同，國民政府並無副
本，亦未接有何項報告，不能受其拘束。結論謂實現吉
會鐵路計劃之所以遲未實行者，一由於日本要求，委派
合同所未規定之主要位置，一由於南滿鐵路公司，不與
中國當局解決該路吉敦段之實在建築費問題，以及因此
而發生中國政府之正式接收問題，加以該路不僅為商務
上重要之路線，且關係國防綦重且大，中國政府於承允
完成該路之前，當然希望其國防之利益有所擔保，以免

可能之危害也。

（七）關於南滿鐵路護路軍之說帖

　　本說帖援引一九〇五年條約及一九〇五年會議紀錄，說明中國並未應允日本得有設立護路軍警之權，護路軍警之設立乃不過一種臨時之性質，近來該項軍警非法干涉中國地方行政，活動範圍，遠出鐵路區域以外，尤與一九〇五年日本全權之宣言不符，此事中國在巴黎和會及華盛頓會議迭有聲明「均無結果」。觀於以往事實，凡南滿鐵路經過之地段，因護路軍警之駐在，局勢不但不能較為良好，且愈形嚴重，故其存在不惟在法律上毫無根據，即在事實上亦毫無理由之可言，深信應予取消，方為得計。

（八）關於萬寶山事件

　　本說帖歷述萬寶山案件，當日雙方爭執之事實及地方官與日本當局交涉之經過，外交部與日使館往來之文件，結論謂本案初不過牽涉耕地租約效力之問題，係一民事案件，不難照民事案件，予以解決，旋因應受中國法律裁判之韓人，故意毀壞安居樂業諸華人之產業，違抗中國官吏之命令，乃由民事案件，變成刑事案件，然亦可依照中國刑法妥為處置，迨後日警侵入中國內地，於是構成外交案件，至日警藉口保護鮮僑，槍擊華農，局勢遂愈益嚴重，且日本對於案件之解決，缺乏誠意，故破壞中日之條約，而使爭端愈趨複雜，局勢愈趨嚴重，本案不能得一良好之解決者，日本實應負其責任。

（九）關於一九三一年七月朝鮮各地仇華暴動之說帖

　　本說帖列舉仁川、京城、平壤、鎮南浦、釜山、元

山、新義州各地仇華暴動之情形，並將華僑死傷及財產
損失之數目列表載明，聲明此次朝鮮各地之慘殺華僑，
雖經中國領事迭次急切請求，而各地警署對於華僑生命
財產，不能予以相當之保護，則日本官廳之應負責任，
甚為明顯。

（十）說明日本不賴東三省供給原料糧食之統計表

本統計表將一九二九年東省之國外貿易，及一九二八
年日本之輸入與東省原料之出產，各列一表，附以說
明，以闢日人謂該國原料糧食強半取給東省之宣傳。

（十一）中國對於日本所謂五十三懸案之駁正

一九三一年十一月三日，日使館在上海報紙發表，
其所謂中日間之五十三懸案，本說帖將各該案逐一駁
正，俾明真相。

（十二）日本破壞中國統一謀畫之說帖

本說帖謂近二十年來，日本對華之政策，為同時扶
助對壘之兩方，以延長中國之內戰，妨礙中國之統一，
此種政策之發展，大約可分為四個時期，一為鼓動革命
時期，一為接濟內戰時期，一為破壞統一時期，而最近
則竟強佔我國東省之領土，製造獨立之運動，建設傀儡
之政府，以為將來施其吞併伎倆之初步，說帖內並列舉
歷來種種之事實，以證明日本此種政策無時或變。

（十三）關於日本在東北及滬津以外各地挑釁尋仇情形
之說帖

本說帖敘述日本在漢口、青島、福州、南京、汕
頭、鎮江、蘇州、杭州各處挑釁之行為，及我國政府交
涉之經過，說明日本此種舉動，目的在於企圖激起我方

敵對行為，俾得藉此擴大在華之行動。

（十四）關於抵制日貨之說帖

　　本說帖就國內法及國際法兩方面解釋排貨問題法律上之地位，並說明中國對於日本不能負任何責任，就國內法論，凡簡單之抵制貨物，即個人不買某國貨物，無論何處均為法律所不禁，個人抵制貨物，既屬合法，於是法人及機關之抵制貨物與夫經合法手續勸告他人抵制貨物，亦均非違法之舉，就國際法論，中日兩國所訂條約，既無強中國購買日貨之規定，而國際習慣、國際學說及盟約第十六條，亦承認抵貨為一種施行壓力之合法方法，中國抵貨風潮自一九三一年至一九三二年以來，無一直接施於日本人民者，有時因抵貨而發生軌外行動，但此種行為亦均施之於華人，故中國政府之於日本不能負有任何責任，甚為明瞭。此次中國排貨風潮乃對於朝鮮慘殺華僑，日本侵佔東省及攻擊上海挑釁舉動之反應，係一種報復行為，凡一國家受他一國之侵害而不願用武力以圖自直者，國際公法固承認其得訴諸此種報復之行為也。

（十五）關於日本企圖獨占東三省鐵路之說帖

　　本說帖說明日本如何干涉東省鐵路之建築及運用借款方法，以獨佔該處築路之權利，並列舉該國阻礙新民屯至法庫門、錦州至愛琿、打虎山至通遼、瀋陽至海龍、吉林至海龍五路建築之經過及其用借款方法，企圖監督長春至吉林、吉林至敦化、四平街至洮南、洮南至昂昂溪四鐵路之情形。

（十六）關於日方所謂中國教科書內排外教育之說帖

　　日方近印行小冊兩種，名曰中國之排外教育及中華民國教科書內發現之排外記事，以圖證明中國之初等教育係屬排外性質，本說帖說明各該小冊所錄之課文，其中實無排外性質者甚多，且間有若干課文或為原書之所無，或係牽強失真之譯文，其所引各種教科書，亦未有經教育部審定者，本說帖更說明日本在明治時代，最初二十年間亦曾培養該國目下所謂排外之主義，即在今日，該國歷史紀事及報紙紀載，尚時有缺乏平心靜氣之論調。結論謂中國方面對於教育部審定各教科書之重行審查，將必須修正之課文加以修正，並無異議，惟日本如不取同樣步驟，刪除該國教科書內之排華課文，則縱使中國將教科書加以修正，亦難望其有久遠之影響。

（十七）關於中國努力開發東三省之說帖

　　本說帖列舉近年來，中國對於東三省在司法上、移民上、農業上、林業上、漁業上、礦業上、交通上、商業上、教育上努力發展種種之事實，以辯正近來日方宣傳東三省之發達，全賴日本之說。並說明日本在該處所經營之各項事業，完全以日本自身之利益為目的，故不憚阻止投資，以圖遂其壟斷之計劃，中國甚願開拓三省富藏，歡迎各國協作，使中國及全世界人民同蒙其利。

（十八）日本違背條約與侵犯中國主權之說帖

　　本說帖將近年來日本在華不法之事實，舉其大者、著者，分為二十七案，以證明日本違背條約及侵犯主權之行為。

（十九）關於東三省幣制及其與大豆關係之說帖

　　本說帖說明東三省之幣制史，可劃分為二時期：一為戰事與幣制紊亂時期，一為和平與幣制穩定時期，而一九二八年實為二時期之分界。其第二、第三兩章敘述東省幣制及銀行事業與奉票之整理。第四章解釋東省銀行所以收買大豆之理由，半由於墊借農戶款項，有時不能歸還，於是不得不收受其抵押之大豆，而半亦由於維持大豆出產之過剩，及抵制日商之出價勒買。末章序述日本朝鮮與正金兩銀行在東省濫發紙幣，東省紙幣之紊亂，日本實不能辭其責任。

（二十）關於中國政府在滬案開始時決定和平政策之說帖

　　本說帖說明第十九路軍移防上海及嗣後中央以憲兵團接替該軍防務之經過情形，以關外間所傳中國政府派遣該軍至滬攻擊日僑，危害公共租界及對於該軍缺乏信任之風說，使調查團得明瞭事實之真相。

（二十一）關於外蒙古之說帖

　　調查團前在南京時曾詢及外蒙問題，本說帖歷述中國與外蒙歷史之關係，並說明外蒙之自治，係經中國憲法之認可，中國迄未承認外蒙現在事實之狀態，中國始終認定外蒙為中國領土之一部，其地方自治不能越出中央政府所決定範圍之外。

（二十二）關於東三省匪患之說帖

　　本說帖歷述日本庇護軍火之私運，扶助東省之馬賊，並援引日人所著各書籍之記載，以資證明。並說明東省匪風與日人之勢，互相消長，在日本勢力未達東省

以前，該處秩序異常平安，最近日本益肆無忌憚，扶助盜匪，以達其政治及軍事上之目的，如凌印清、張學成均受日方大宗之接濟，日本謂該國繼續在東省之用兵，目的在於剿匪，惟其結果，適得其反。

（二十三）關於東三省海關被劫經過之說帖

本說帖敘述日本攫取東三省海關之步驟，及其佔領龍井村、安東、牛莊、哈爾濱、大連各海關經過之情形。

（二十四）關於在中國共產主義之說帖

本說帖敘述共產主義輸入中國之由來，及剿共之成績。其第四章詳述中國共黨之組織，而結論則謂剿共之勝利，在收復各地之善後，中央政府現擬有關於剿共之政治、經濟善後計畫，注意築路藉以救濟災區之人民，加增地方之出產，恢復地方之安寧，便利行政上之施設。

（二十五）關東三省鹽稅被劫經過之說帖

本說帖敘述日本攫取東三省鹽務之經過，並說明自上年十月三十日起至本年四月十二日止，日本攫取鹽款共達七百零八萬三千二百七十二元，鹽務行政之完整遂被其破壞，而運鹽前往吉、黑行銷，亦大受影響，至此後以鹽務擔保外債之攤款，是否仍能繼續照解，亦屬疑問。

（二十六）關於所謂東三省之獨立運動之說帖

本說帖敘述日本圖謀東省之處心積慮，及傀儡政府組織經過之步驟，並說明所謂滿洲國者，其政權完全在日人掌握之中，若軍隊、若警察、若鐵道，無一不在日人監督之下，而對於教育方面，日人尤為重視。結論謂除少數無聊政客外，三省民眾無不反對現在之狀態，自馬主席占山及丁司令超、李司令杜首先抗日以來，目下

後起者，尚不乏人。

（二十七）關於東三省郵政被劫經過之說帖

　　本說帖說明日本攫奪東三省各地中國郵局之情形，並敘述日本強取遼寧及安東郵局之密碼電本，設立軍事郵便，企圖辦理瀋陽、濱江、龍江、洮南及四平街各地之航郵，虐待郵局服務人員，殺戮額穆郵局局長，且陰謀加害遼寧郵務長巴立地。二十一年七月十六日偽監察官開始將偽郵票送至三省郵政管理局，定期於八月一日發行，至是自九月十八日事變後，三省郵政當局為中外民眾便利起見，歷經艱苦，維持十個月之郵政，乃不得不宣告停辦。

（二十八）關於日本劫奪東三省擔保外債鹽稅攤款之說帖

　　本說帖首述自四月一日東省鹽務機關強遭攫奪後，即擔保外債之款項，我國亦並未收到，迭經交涉，均鮮結果。次則說明四月十四日日本公使致鹽務稽核所之公函，實誤解當日之情形，至該函所稱日本當局，並未勸告或允許強佔鹽務稽核所及滿洲國當局注意不使中國償還外債，現於之辦法歸於停頓各節，觀於種種之事實，殊難置信。

（二十九）日本人民商行在華販運麻醉毒品之說帖

　　日人以毒物禍華，意在使我國人種日就衰弱，其用意至為陰險，本說帖歷舉日人在中國東三省及山東、北平、天津、青島、山西、保定、福州、廈門等處違法販運，製造麻醉毒品，係根據禁煙委員會、海關、北平公安局、山東省政府、青島市政府及河北省政府報告，其

未經中國官破獲者，尚不知凡幾，其數目及區域，誠為可驚。

至說帖之外，調查團專門委員對於各種問題，往往開列細目多端，逐項詢問，請我方加以答復，其間所開各項問題，有比較簡單者，亦有甚為複雜者，均經我方分別答復。

此外隨時提供調查團應用或參閱之證據或文件甚繁，不及備舉。

四　國際調查團赴東北調查經過

國際聯合會調查團赴東北調查經過

一　行程。

二　日人對付調查團之經過。

　　（甲）武斷行程。

　　（乙）假造民意。

　　（丙）表顯成蹟。

　　（丁）包圍。

三　日人對於我代表之策略。

　　（甲）行程限制。

　　（乙）人員限制。

　　（丙）取締行動。

　　（丁）隔離。

四　調查團在東省之工作。

　　（甲）機關之接洽（包含偽國機關在內）。

　　（乙）私人訪問。

　　（丙）我國代表之贊助。

五　調查時東北之狀況。

　　（甲）人民之受壓迫。

　　（乙）叛徒之利用。

　　（丙）日人消滅抗日軍隊之進行及計畫。

　　（丁）日人把持三省政權之內幕。

六　結論。

附件

　　一 致調查團備忘錄。二十一年四月二十五日發。

　　二 致調查團節略。二十一年四月二十七日發。

　　三 致調查團節略。二十一年五月三日發。

　　四 致調查團節略。二十一年五月十二日發。

　　五 鄒專員恩元關於鐵路之報告。

（一）行程

　　調查團於四月十九日偕中、日代表離北平，次晨十時抵山海關，轉秦皇島，即分三部，維鈞與委員長英委員李頓爵士、秘書派爾脫、愛斯託等，乘海圻軍艦，日代表與法委員高祿德、德委員希尼、秘書派斯搭柯夫助佛蘭等，分乘日本芙蓉、朝顏兩驅逐艦，繞道大連，美委員麥考益、義委員阿特羅黃題、秘書長哈斯、秘書萬考芝等，換車經錦州，分別於二十、二十一日抵瀋，五月二日赴長春，七日赴吉林，當晚回長，九日赴哈爾濱，原定由哈赴齊齊哈爾，因未得日方同意，未得全體成行，僅派顧問希愛慕、秘書萬考芝、翻譯默思及秘書愛斯託、皮特爾等，於二十一日乘飛機前往，其餘全體返瀋，二十五日赴大連，二十七日赴旅順，晚返大連，三十日返瀋，六月一日赴撫順參觀，四日離瀋，計留東

北三省各地凡四十五日。

（二）日方對付調查團之經過

　　日人對調查團之態度，似為不欲令其前往，而又不敢公然拒絕，故其手段，當其未往也，則種種為難，及其至也，則種種限制，防止調查團之充分調查，識其真象，而又不欲調查團對彼之感情趨於惡化也，則事事諉過於偽「滿洲國」，以便自身立於事外，並利用種種宣傳方法及交際酬酢手段，以蔽調查團之耳目。其情事略如左述：

甲　武斷行程

　　（一）由平赴瀋路線：日人懼調查團之視察錦州，並預留山海關一帶為軍事行動之地步，故在上海時即以北平、瀋陽尚未通車為詞，提議由海道繞大連前往，當時維鈞以錦州關係重要，有視察之必要，曾堅持非由陸路出關不可，調查團亦以為然，決議臨時再議，以北平至瀋陽是否得通車，非事前所能臆斷也。嗣在北平將啟程赴東，此時全路本已通車，而日本以偽「滿洲國」出面反對維鈞前往東省，至對於調查團人員，則以為由山海關至瀋陽全線乃偽「滿洲國」轄境，彼難負保護之責，若繞道大連再來南滿鐵道，則完全在日本勢力範圍之內，自可無虞，以相誘脅。同時且唆使偽「滿洲國」拒絕我專車入境，調查團因急於前往，不遑擇術，卒致採前後分三部旅行之辦法。

　　（二）由瀋陽至長春：調查團初以至瀋陽後，直往長春當無問題，不意日人又節外生枝，初以李頓委員長對於偽「滿洲國」外交部長謝介石之來電（謝曾電平表

示歡迎），尚未置復，偽國將認為侮辱，礙難接待，
爰迫調查團電致謝某，以為與偽國接洽之開始，嗣又藉
反對我國代表入境為詞，令偽「滿洲國外交部總務司司
長」大橋與調查團接洽條件，經數日談話之久，成立所
謂交換函件，內容偽國取消反對我國代表入境，調查團
亦宣言調查團內任何分子不在「滿」作任何政治活動
擾亂治安之舉，並容納偽國派大橋代表長春「外交部」
隨行。

（三）由哈爾濱至齊齊哈爾再經洮南返瀋：齊齊
哈爾為北滿之重要地點，淪陷未久，日人勢力尚稱薄
弱，又以馬主席占山在彼處抗日之經過與滿案有密切之
關係，故調查團自始至終即擬前往，兼察看關係北滿
戰事之嫩江橋梁及四洮鐵路，然日人亦以不能保護為
名，迫令拋棄，結果只得派秘書數人，在日人重重包
圍之內前往。

（四）由哈爾濱至綏化：調查團駐節哈爾濱時，馬
主席占山率部在松花江北岸會同在南岸之丁超、李杜兩
部進行軍事正急，意在攻克哈埠，並聞馬主席之司令部
設於呼海鐵路綏化站附近，丁、李司令部在依蘭，我
為明瞭吉、黑兩省民意與大概情形起見，即正式函調查
團（附件四），要求該團設法與馬、丁、李三人晤面，
俾能洞悉真情，該團得函後，在駐哈英總領事館開一重
要會議，對於晤丁、李二人以其行踪無定，勢難追訪，
惟對晤馬並無異議，不過以為馬與日軍及所謂滿軍現正
對峙，通過陣線必須先與偽國接洽，因委秘書長哈斯仍
與偽外交部總務司長日人大橋接洽，結果大橋大憤，以

為調查團欲與偽國之叛逆見面，侮辱偽國，莫斯為甚，即一怒返長，由謝介石致調查團抗議，並示不能繼續保護之意，於是調查團不但將赴綏見馬之計劃拋棄，即全體赴齊齊哈爾調查之計劃，亦即打消，改令秘書數人前往，一面雖令該秘書等抵齊後，繞道滿洲里黑河前往晤馬，亦以未得蘇俄入境簽證，不能實現。

乙　假造民意

　　日人假造民意，對調查團之宣傳綱要，略如下述：（一）東三省人民厭惡舊日軍閥政治。（二）滿、蒙人民自決建設新國，至其施行方法，則：（一）令日人冒著華服，扮作中國民眾，參加遊行，暗中指導及監督。（二）強迫中國紳耆及滿、蒙人士晉謁請願。（三）收買苦力作為民眾團體。（四）強制學校參加慶祝偽國之典禮，凡錦州、鐵嶺、開原、昌圖、四平街、公主嶺調查團經過之處，均有所謂民眾團體代表，在便衣日人領導，日憲兵負槍監視之下，持偽國旗到站歡迎，其人或為紳商，或為學生不等，間有遞陳請書者，亦有致詞者，遞陳請書者，司領導之日人恆於其將遞之際，仍再過目一次，似疑其中或與原稿有不符之點者，在錦州車站時，曾經目睹致詞者，則均用華語，而由日人司翻譯，即此一事，可證所謂民眾代表既已由日人遣使，仍須由日人監督也。六月四日，車過綏中暫停，調查團翻譯默思氏下車詢問歡迎者，地方安寧否，答比去年好，默又問比去年九月以前好，抑是比九月以後好，答比九月以後好，至此歡迎者尚欲有言，即被一監視之日人上前阻止，謂少頃尚須作報告書，幸憶及之，並呼之去。

在公主嶺（五月二日），有所謂農民代表約三、四人，由二日人領導，二日警後擁，向李頓爵士委員長致詞，略謂事變以後，東省人民極感痛苦，盼國聯迅速承認「滿洲國」云，李以言不明瞭，顯為他人所口授，欲賡續追問，則日方招待員謂火車將開，催速回站，其實到站時尚離預定開車鐘點有半小時也。

　　自稱民眾代表到旅寓請謁調查團者，在瀋陽有所謂奉天省五十八縣農民代表之奉天農務總會長吳裕泰，奉天各縣商工民代表之奉天市商工代表王廣恩，朝鮮農民代表（四十八人），偽滿洲國報界聯合會等。在長春有所謂新京農會代表張雲溪，工商會代表史維朝、王荊山、孫化南，教育會代表李錦文，蒙古二十八旗代表壽朋阿博彥、滿都滿遠湖、吉爾嘎朗、馮尼巴遠喇，滿洲各省代表，滿蒙青年同盟會長春支部代表李長嶺、蔡克昌、紀德昌。在吉林有所謂事變時被軍匪虐待之被難鮮農。在哈爾濱有所謂逃難之鮮農（約四十餘人，以李戴鎬為總指揮），事變時在極樂寺附近被宮長海部下殺害未亡婦人某某。在黑龍江有所謂自治指導會黃海樓、關小權及蒙族代表等，所謂民眾代表來請謁調查團者，均由地方軍政當局介紹領導前來，並派日人代任翻譯，其為日人所威嚇利誘秘密指使毫無疑義，蓋實際上無論任何華人，不經日警之許可，不能行近調查團所居之寓所，其一般普通民眾，自無接近之可能，哈爾濱所謂國聯調查團招待處，曾公然登報聲明，凡進謁調查團者，須經該處先行核准。

　　此等傀儡請願團體所遞之陳請書或所致之詞說，內

容大旨可分析如下：所謂偽滿洲國各省代表在長春所遞之請願書，開宗明義即謂建設「滿洲國」為三省人民之公意，攻擊張前長官學良，謂其濫發紙票，苛征賦稅，稱兵關內，虛糜地方財產，與中央合作，引起國民黨極力排外，致惹起近日之革命，並謂滿洲物產豐富，可供外資之發展，「新國」將取消排外主義，厲行門戶開放政策，盼外邦援助等語。其餘陳請書大概大同小異，不出此旨，均以「奉票」、「排外」、「入關稱兵」及「聚斂」四者為攻擊我事變前行政長官之口實。至於日人進兵則稱為友邦代彼驅除軍閥，組織偽國則稱為人民公意，至偽滿洲國之建立、如何起源、如何著手，所謂友邦如何盡力發蹤指示，則絕無一字提及。

數十年以來，滿、漢民族本已完全混合，毫無畛域，乃日人大肆宣傳，謂東三省仍有滿族千萬其在長春、齊齊哈爾所謂滿族代表所遞之陳請書主旨，係（一）反對共和。（二）歡迎溥儀。（三）痛詆從前惡政，言詞之間，絕少不承認其與漢族業已混合者，亦未有道及滿、漢兩族之利害為不相容者。

所謂蒙古代表在齊齊哈爾所遞之陳請書，同為攻擊事變前三省之行政，其內容與所謂滿族所遞者相似，蒙古人中實有少數附和偽國之分子，日人乃大肆利用，創設所謂蒙古青年會，鼓吹蒙人獨立，並引誘蒙古青年加入偽國之軍隊。

日人向利用朝鮮人，以引起在東省之種種中日問題，此次當然視為絕好機會，令其向調查團為不利於我之陳述，故其致詞看，咸詆我對彼施用壓迫手段，並捏

造種種慘殺虐待搶奪行為，並謂百萬鮮民，仰耕種為生活，而中國官廳用高壓手段，阻止華人租借耕田，以致無以為生等語。

日人所欲假造之民意，除所謂農工商界外，則為學生，然我國近來學生精神奮發，愛國熱忱達於沸點，日人知不易與，乃將中學以上各校完全封閉，各區小學校亦僅於調查團抵瀋之前數日，始令開學，以免調查團窺破其摧殘教育之計劃，其利用此等弱小學童方法，則令其持偽國國旗到處歡迎調查團，並於調查團前往各地如瀋陽、哈爾濱、大連等，扣準日期，分別舉行所謂慶祝「滿洲建國紀念大會」，強迫學生等參加，往返遊行，於調查團所寓之旅館搖旗奏樂，實則此等學生完全被強迫出此，事後有學生多名來函聲明，謂校內管理員下令學生前往參加時曾言，如不遵從，即將彼父母殺死，故不得已而俯從云。

丙　表顯成績

日人素以政治文明自詡，其侵我口實，尤以我不善治理，須代我發展為辭，故在東省欲向調查團眩示其建設之成績，乃為最急之需要，調查團抵瀋後，彼即引導參觀瀋陽之滿洲大學，表示其注意教育，次在公主嶺（五月二日）乘調查團由瀋赴長之便，前往參觀彼之農事試驗場，臚列東三省之農產，高粱、玉粟、麥、米、畜牧、五畜及雞蛋等，今昔標本，以證明日人之用科學方法加增產類，改良品質等種種進步。

調查團由哈返瀋後，無赴大連之必要，日方為宣傳計，懇切邀請，不得已一往，旅連三日，日人眩示其日

俄戰場，旅順之博物館，大連之中央測驗臺、華人小
學、大連醫院、滿蒙出產館。

調查團至大連，日人特請委員五人下榻彼所經營
之星浦海濱大和旅館，其用意不但表示其經營之能
力，秩序之佳美，且亦以其時調查團避暑地點問題尚
未解決，利用先入為主之心理，欲以星浦動調查團前
往大連之念也。

對於調查團遊覽旅順，日人特別注意標示與俄人戰
爭之成績，又恰值海軍紀念日（五月二十七日擊沉俄國
波羅的艦隊），乃極力鋪張，請遊爾靈山、白玉山、東
雞冠山等，特派海陸軍官實地講演日俄戰爭之經過，並
運動調查團向彼所謂忠魂碑致敬，以誇耀其武力，而使
參加人等，切認其在南滿利益為十萬生命所換來。

旅大汽車路，亦為日人誇耀品之一，該路長三十五
啟羅米突，完全柏油，寬平不下於歐洲之大路，日人請
調查團乘汽車赴旅順時，用英文纂述造路經過及所用款
項之說明書，由汽車夫於登車時，分送乘者閱讀。

參觀日人在南滿經營之礦業，為鞍山鐵廠及撫順煤
礦，撫順煤礦有露天堀數處，距地面不及數丈，即係煤
層，綿亘二十餘里，俯視即是。

丁　包圍

調查團到東北時，日人表面處處冷淡，似為無足輕
重者，實則內部早已預備，欲用全力以轉移調查團之意
向，而得利於彼國之觀察，其最著者則為接待人員之選
派也，日本代表團內，除吉田大使偕其隨員鹽崎，外國
顧問丕班十餘人外，有前駐俄大使田中及日本國際聯盟

代表處副處長伊藤述史，均為芳澤所密派，遇事可逕電
東京外部接洽，滿洲鐵道所派者，則為理事伍堂卓雄、
總務部調查課長伊藤武雄、課員渡部文作、外事課長中
野忠夫、課員小島憲一、鐵道部營業課長山口十助、聯
運課長伊藤太郎、營業課旅客主任小池文雄、聯運課第
三席主任關弘、地方部次長武步治右衛門、地方課長栗
屋秀夫、庶務課人事系主任武田亂雄、囑吒事務擔任金
井清，關東廳則有河相達夫、森本勝己、川崎宣雄等共
不下五十餘人。日人包圍調查團之法，不外令彼所與接
觸者，盡為日人，凡大連、瀋陽、長春、哈爾濱等處調
查團所寓之旅館，非經彼特許之人概不許入，而彼則在
客廳、過道、樓梯上下、閱報室、寫字間無不隨時布置
有人，觀其唯一任務，蓋為乘機與調查團接觸及監視其
行動，至對我代表團為使我與調查團不易接洽計，在旅
寓則將我另置一層，與調查團隔斷，在乘火車則日本代
表團之車緊接調查團之後，我則隔離於飯廳以外，欲訪
調查團，不但須通過四、五輛車之遙，亦非先經過日本
代表乘車不可，其長春、哈爾濱一段，並將我列於偽國
陸軍隨員及所謂滿洲國外交部總務司司長大橋之間，雖
經我詰問之後，允調查團專門委員二人加入，然仍令我
與調查團委員隔絕而完全取監視之意也。

　　調查團抵瀋後，日本代表處及滿鐵隨員團即開始分
別招待，三、五人不等，分宴調查團秘書、顧問於十間
房、金龍亭等料理館，招妓侍酒，竭盡娛客之能事，至
哈爾濱，則由南滿理事伍堂招請全團人員（中國代表向
不邀請）夜會、跳舞場，將全場舞女十餘人包留陪舞，

返瀋後，亦於大和旅館開舞會，招日妓陪舞，其規模尤大者，則龍王塘之野會也。

龍王塘野會，以南滿鐵道總裁內田康哉名義邀請，先由大連乘船至星浦，改乘汽車赴龍王塘，是處備有野食及划船、釣魚、網球諸戲，聞其所用之船，均由大連運去，所招藝妓數十名，且有由東京招來者。除酬酢外，日人之文字宣傳、電影宣傳，當視為包圍之極有效手段，歐人習慣每於晨餐時閱報，日人即利用此心理，每日清晨將滿洲英文日報（南滿鐵道主辦），置諸調查團臥室門外，俾其晨起即有報可閱，以滿足人情好奇之心理，次則所謂東京每日新聞等，特在調查團所至地刊發號外，於午後二、三時分送，又有所謂無線電新聞者，每日裝訂小冊，於午後五時以後分送新聞。

自調查團至大連起以至離瀋日止，一舉一動，每由南滿鐵道製影部攝影，製成影片，中間插入日人所指使之民眾請願團、歡迎團及擁護偽國之標語等影片，此項影片集成，由內田康哉於大連滿洲館宴調查團時，特飭放映一次，聞各調查委員均送一份，其顧問、秘書等則每人送照片一本，將被送人照片放大列諸首頁，蓋迎合人類好諛之心理，以為宣傳之工具也。

（三）日人對於我代表之策略

日人對於我代表團之赴東北，既懼其協助調查團澈底調查東省之狀況，又慮我以外交手腕轉移調查團之意向，故處處為難，逼我自動不去，恐嚇示意，極其外交之能事，及見我之不為動也，則取種種辦法束縛限制，令我決無活動之餘地。回憶調查團抵上海時，日方即以

是否同赴東北時來探問，嗣見我意旨堅定，則於抵平後
嗾使偽國外交部部長謝介石來電反對，然以調查團主持
公理，態度堅決，有顧代表為調查團之一份子，顧代表
不去，調查團亦不去之語，計不得逞，乃於抵遼後專事
恐嚇，宣言顧代表一越普蘭店，即予逮捕（四月二十一
日滿洲報等），隨員被捕者，且將處死刑等語，一面日
方新聞記者咸紛紛來密告危險情形，火車抵瀋陽後，維
鈞出站時，日代表吉田、秘書鹽崎，均來扶掖而行，以
致調查團秘書彼爾德及愛斯託亦以調查團之囑，前後伴
護以防萬一，而瀋陽商埠地與附屬地之路界，亦裝腔作
勢，密布偽國警察、便衣偵探等，以為實際之恐嚇，日
人以為此等舉動，均可諉諸偽國，與彼無關，不知同月
二十二日彼方任命日人三谷清為奉天省警察署長，瀋陽
警士雖多屬華人，實際操縱指使，完全在日人之手，謂
為偽國，其將誰欺，至偽國對外一切事務，均係彼所謂
外交部總務司司長大橋主持，謝介石不過傀儡而已。

甲　行程限制

　　調查團接謝介石反對維鈞入境電後，以按照國聯行
政院議決案，中、日兩國對於調查團均應予以一切便
利，而東三省實際上仍為日軍佔領之地，即向日代表吉
田詢問究竟，吉田以事出偽國與彼無關答之，調查團不
得要領，乃俯就日本早定計劃，由津繞道大連之議，我
之赴山海關、錦州視察希望完全打消，抵瀋後，我與調
查團同下榻於日本附屬地內之大和旅館，即夕，李頓委
員長派其秘書愛斯託致意，謂偽國反對恐有危險，盼轉
告同人不可出附屬地，以免枝節等語。

調查團在東省前往調查之地，我多不能前往，如錦州停留日程，規定至交通大學後，往城內各處視察，及至錦後，日人又囑調查團轉告，謂中國代表團只可由車站赴學校，再經原道返站，此外則警備未周，不可前往，同時車站內我方乘坐之車輛前後，均有日憲兵與便衣特務員重重包圍把守，偶越一步，即被日憲兵攔阻。

齊齊哈爾之行，與其謂日人阻止調查團，毋寧謂阻止中國代表，蓋黑省日人勢力未充，我國軍人之舉止言動，尚有相當程度之自由，日人懼我前往接洽，發覺不利於彼之事件，或使中國軍人睹本國之旌旗，而急增反正之念也。

乙　人員限制

日人深知我代表團人多，則工作便利，故未離平前，即以旅居狹小不便安置，及人數太多保護困難為詞，要求我將人數大為削減，及我將二十一人（連代表及外國顧問在內）之名單送出，彼仍呶呶不休，聲言日方代表來華只十四人，中國代表赴東北亦不能逾此數，觀其意非將我人數減至不能切實工作時不止，但我二十一員之人數，調查團方面亦認為無可再減，日人遊說之後，毫無效果，於是乃藉乘車及旅館問題以難我。

由大連至瀋陽之車位排定，所有中國代表團人員除代表外，均每二人一間，至調查團方面則下至謄寫錄事亦均每人一間，即日代表團亦均每人一間，問之則曰吾等初以為中國代表團僅十四人（日人要求之數），故僅備一車，今人多無法安置矣。

奉天太和旅館房間，亦由日方預為支配，共計定有

六十餘間，日方自占者十餘間，調查團三十餘間，而其留與中國代表處者則僅六間，經在車內與吉田、金井再三磋商，亦不過僅增一間，令我代表處人員不得不分寓其他旅館，故意為難使我往來諸多未便。嗣在長春哈爾濱亦然如此，我方除代表外均需兩人一間也。

人數問題，在我以為減至二十一人已極端讓步，不知日人猶以為未足，於由瀋陽至長春時復要求減少，經我減至十四人仍不允，務須減至六人，否則所謂偽國方面仍難同意，我再堅持，則彼請李頓言彼已代為允諾，務懇免彼為難等語。蓋此時調查團急於進行調查任務，不願再為中國代表團人數問題而致延遲也。故對於日人之播弄無意反抗矣。自五月二日離瀋陽日起至二十二日返瀋止，維鈞左右僅有外國顧問端納、何士及參議劉崇傑、蕭繼榮、秘書施肇夔五人，所謂一切專門人員及翻譯、繕錄、譯電員等，均不能攜往，手足削盡，行動萬分困難，而日本連同偽國方面多至六十人，人數懸殊，實力迥異，不言可知也。

我代表處同人由瀋陽赴長春時，除一部分不克同行先遣入關外，餘三、四人仍留瀋以司代表處郵電轉寄等事，而日方亦多方為難，幾經磋商，始克妥洽，而尤異者，由瀋入關時，我以為由鐵道乘車，全體偕歸，當無異議，不意日人亦另生枝節，以為前留瀋者係為未經核准入偽國境之人員，此時亦不得通過，結果我一部分仍不得不繞道大連回平。

我代表處人員前後旅瀋陽兩次，調查團均派人口頭勸告，勿出日本附屬區域，免生糾葛，蓋日人藉口偽國

方面反對，意欲阻我至其他地點，使我不能與本國人有接觸之機會，而探悉內情也。

丙　取締行動

潘陽大和旅館門外軍警密布，嚴防華人之來訪，監視中國代表隨員之外出，大廳內恆有便衣偵探十餘人，遇外出時，即由隊長指定若干人跟隨，即經臥室門外，亦有便衣偵探五、六人常川駐守，偶一越臥室，即在旅館該偵探亦均緊隨，俟回房再送至房門為止，間有代表處人員該偵探尚未認識者，則一出臥室，該偵探即趨前詢問姓名何處去等語，此偵探等圍坐一桌，各具日記簿，一出一入，無不即時公然登記，蓋並不掩飾其為監視而來也。

我代表處人員在外之動作，無不由跟隨之偵探嚴重監視，如至一商店購物，彼亦隨入，並將所購何物逐一登記，至一飯館，則間或跟入食堂並席而坐，或在下廳守候，或於事後到館嚴詰伺候之侍役，中國隨員向彼探詢何事，有何意見發表等，至一照相館，則索取照底片加以檢查，旅居潘陽時，我代表處人員分居於大和旅館及東方旅館，東方旅館除我代表處人員外並無調查團人員，以故日警派出監視之偵探尤為蠻橫無理，一日（五月二十六日），我代表處人員在一室內談話（蕭參議繼榮、嚴主任恩樞）有自稱關東廳翻譯官名市丸新次者，竟悍然侵入，聲言奉令前來傍聽，又大和旅館內我女速記之室（陳宜春），一日（二十五日）亦有日人三人侵入，發覺受詰，言語支吾，後睹有調查團人員前來始去。

　　長春監視尤為嚴重，在瀋陽時我固已完全在日人勢
力之下，不能越雷池一步，長春則維鈞臥室亦漸不保安
全，一日（五月三日）維鈞在臥室內接見外賓，忽來日
偵探數人，推門而入，詢問所會者為何人，所談者為何
事，經維鈞拒絕答復，並請彼離開，彼等咆哮於外，其
勢洶洶，似非將二外賓逐出不可，後適調查團秘書愛斯
託來訪，我顧問端納見情質問，則彼稱中國代表未得許
可，不能接見來賓，外人未得許可，亦不得來訪中國代
表，經秘書愛斯託與該偵探爭辯良久，堅令退出，該偵
探詞屈始退（附件第三號）。

　　由瀋陽至長春，所有偵探均係日人或華人，至哈爾
濱則發現俄籍偵探不少，終日逡巡於臥室門外及旅館內
各要道，聞該偵探等除監視行動作種種秘密報告外，並
有一人專司檢查紙簍內廢棄之碎紙。

　　在吉林勾留半日，所有調查團與當地偽國官憲之談
話，我均不得參加，其監視嚴重尤為出人意表者，則為
日兵十餘名，荷槍上刀，無處不緊隨維鈞之左右，又
一憲兵佩長劍寸步不離，即在客室，亦悍然安坐於維
鈞之側。

丁　隔離

　　我方人員之自身行動既被限制矣，外界之與我往來
接洽者更可想而知，我之旅寓，既已有軍警之密布，偵
探之監守，重重阻礙，外來者自不易侵入，其如何被阻
無從得悉，惟在瀋陽有張某者，因往訪我顧問端納，
即被日警拘去，又有齊某因訪隨員顧執中，亦被日警拘
去，以此類推，則來訪維鈞及其他人員而被拘者，不知

若干人，其來訪被拒或徘徊不敢入者，又不知若干人矣。代表處與當地人士函件之往來完全被阻，一日（六月一日）代表處人員劉參議崇傑在忠信堂晚飯，其他一員飭旅館侍役送一要函前往，次日為日人服務之偵探華人王某，竟言昨夜函內之事如何如何，可見該函不但曾經日人拆開檢查，且曾公布，又代表處人員所接關內之信均曾被拆開檢查，其寄至關內者不但被檢亦多被扣留。

代表處與關內往來之電報被扣者一起，以電機損壞為詞，延遲數日始發者數起，由哈爾濱致留瀋人員一電，則始終未到。電話聞均有人竊聽，此不獨由旅寓與外界通電為然，即旅寓內各室互通電話，亦有人秘密監視。

（四）調查團在東省之工作

按照國聯行政院十二月十日之決議，調查團之任務為就地研究任何情形影響國際關係，而有擾亂中日兩國和平，或和平所維繫之諒解之虞者，故其重要工作為調查九一八事變之前因後果，此原因據我方簡明言之，為日人侵略我國之野心，日本則謂舉凡東三省之行政、教育、財政、交通、經濟，無不與此事有關，而尤引為詬病者，為所謂濫發紙票，虐待韓民，競築鐵路，排斥日貨，抗日宣傳等，調查團除聘請專家如安葛林諾擔任行政、希愛慕鐵道、臺納雷財政、道夫門經濟、渥爾脫陽格法律、萬考芝軍事分別研究外，到瀋後即從事與地方官憲紳商士民接洽，以蒐集關於上列各問題之文件證據，詳情如左：

甲　機關接洽

調查團在東省接觸之機會，除日本軍政、外交機關外，則為偽國之當局，其時我國之正式機關尚存在於東省者，只有黑龍江馬主席占山及李、丁兩司令，雖經維鈞函調查團要求會見，究因戰線相隔，日人反對無法會晤也。

到瀋陽後，調查團首先訪問者，為日本駐瀋代理總領事森島（四月二十三日），次為關東司令官本庄繁，會晤凡四次，四月二十三、四、五等日，所有橋本參謀長、松井參謀、藤本參謀、第二守備隊長島本中佐均列席後，五月二十三日返瀋，復訪森島及本庄，詢問關於滿洲中日鐵道交涉問題，附屬地內不納稅問題，及事變前之形勢，中國之行政等。

長春訪問者為日領代田（五月四日、五日），土肥原、駒井等，詢問萬寶山事件及事變前後之一般形勢，北滿軍事、偽國建國經過組織詳情等。

駒井雖係日人，而以偽國務院總務長官之名義接見，又日人大橋亦以偽外交部總務司司長之名義接見，並以代表偽國名義與調查團秘書長哈斯，磋商我代表團入偽國境之條件。吉林訪問者為石射總領事及多門司令，石射曾陳述吉林之排日狀況，事變時兵匪對朝鮮人之暴狀，並將切斷指頭之幼童及身體燒壞之鮮農，傳集為證，詢問多門者，則為吉林義勇軍之狀況。哈爾濱訪問者為長岡總領事（五月十二日）、廣瀨師團長，詢問日軍入城以前哈埠之情形，北滿各軍隊及馬占山出逃等，日人小松原（大佐）以哈埠特務機關之名義接見

（五月十三、十六），陳述日軍佔領哈埠以後之事件，
蓋哈埠特區長官仍任華人，除加添日人顧問外，殊少更
動，特務機關則蓋乎特區長官之上，實際上哈埠之最高
行政機關也。小松原在此機會曾向調查團醜詆我李、丁
兩司令，謂其與胡匪及共黨有關，調查團派赴齊齊哈
爾之專員默思皮特爾、愛斯託等，在齊會晤天野旅團
長、濱本隊長、林特務機關長等，詢問日軍入齊前後
之情況。

旅順訪問者為關東廳長官山岡（五月二十七日），
大連為南滿鐵道總裁內田（二十七、二十八日），詢問
中日條約（一九〇五年）及鐵道問題。（按一九〇五年
條約內田乃當事者），又專員希愛慕等頻訪南滿職員，
詢各鐵路問題，其臺納雷、道夫門、派爾脫、經濟財政
各專委，則返瀋後仍復遄程來連，與南滿職員會晤。

入關過錦州時（六月四日），有日人西團長、吉岡
參謀長到站迎接，即引調查團至交通大學，陳述佔領錦
州經過，並以該大學大門曾經中國排日學生繪有日本國
徽之菊紋章兩扉，繪成圓形太陽，開扉即將太陽破開，
為排日之證，經我方告以洋式屋之鐵門上，每鑴有菊紋
為飾，事屬常見，毫無排日之意，嗣調查團參觀北戴河
海濱房屋時，見張主任別墅大鐵門四扉，均有菊紋在其
中，始曉然於錦州日人所疑者，為毫不成理由。

調查團本擬不與偽國機關接觸，故對於偽外交謝介
石之歡迎電，初未置復，後在瀋陽因偕我代表團前往問
題，為日人詭詞所困，陷於進退兩難之地，日本乃乘機
以與偽國接洽為要挾，該團遂於二十五日（四月）電復

謝介石,而與偽國機關,乃開創接觸之例矣。

調查團所訪問延見者,在瀋陽為閻傳紱(偽奉天市長)、臧式毅(偽奉天省長)、在長春為溥儀(偽國執政)、鄭孝胥(偽國務總理)、謝介石(偽外交部部長)、熙洽(偽吉林省主席兼財政部長)、丁鑑修(偽交通部長)、趙欣伯(偽立法院院長),在哈爾濱為鮑觀澄(偽哈爾濱市長)、李紹庚(偽東鐵路督辦)、張景惠(偽東省特別區長官)、沈瑞麟(偽東鐵理事長),在黑龍江為程志遠(偽黑龍江省長)等。

偽官吏之延見調查團,必有多數日人在座,如溥儀與中島(主席諮議),鄭孝胥與駒井、謝介石與大橋等,均形影不離,固不必論,即其餘機關亦莫不有所謂日籍顧問、事務官、翻譯等,同時參加出席,調查團某秘書曾言偽國真正之外交部長實為大橋,可謂直洞其隱,後自長春以北日方以種種要挾手段,竟遂意以大橋代表偽國外交部長隨同前往,肆其包圍監視之能事,則傀儡政府之內容,益暴露無遺矣。

所謂偽國機關與調查團之談話,咸經日人早為撰就,所謂偽國政府人員,不過照稿誦述,其臨時發生問題不能答,或不令答者,則由陪座之日人代答,溥儀之接見調查團,除宣讀撰就之歡迎詞外,對於調查團之質問,絕無一答,鄭孝胥頗述其所信之王道,至調查團質以偽國如何成立,則以不能答對,而所謂滿洲當局對調查團之陳述,千篇一律詞意相同者,不外三省人民苦軍閥之虐政,起而自決等語。

乙　私人訪問

　　調查團私人之訪問，可分為外國領事、商民、教士、中國退職官員、紳商、滿蒙民族等。外國領事、商民、教士之消息，乃各委員視為極可靠者，故凡所至各地，有該委員國籍領事者，該委員無不首先訪問，惟各委員均各依本國國籍分別詢問，並無聯合談話之形式，既係私人談話，內容無從詳悉。

　　中國退職官員、紳、商等，該委員會亦非常注意訪問，方法可分為口頭及書面兩種，口頭訪問主體，或由我方事先開單介紹，轉輾通知接洽會晤地點與時日，頗多周折，或由他方如領事館個人團體，認有可被諮詢者，開單介紹，其見面之困難亦同，蓋此等會晤為日方所嚴禁，往訪調查團者，既不得其門而入，被訪者又隨即捕去，以此該團只得秘密派員前往，或秘密約晤，惟日方既監察嚴密，華人亦畏縮不前，每有事先接洽已妥，臨時未到者，即使見面亦跼蹐不安，不敢盡言，費時甚多，收效甚少，其屬於書面者，當為調查團在東省期間內所得華人之函件，此等函件共一千五百五十餘封，陳述其自身所受日人蹂躪之痛苦，及其對於事變前後所見之事實，此等函件完全由個人自動，又多係繕函人親持設法轉交，或俟委員外出時途中擲入車內，致得逃避日人之檢察，蓋可視為東省之真正民意矣，函內陳述事件內容，大略可分析如左：

（一）關於九一八之事者

　　1.原因：原因分為遠因及近因兩種，遠因當然為日本之侵略世界傳統政策，而以吞滅滿洲征服中國為起點

（可以證明者為田中奏章、本庄繁侵略世界計劃及所謂保持在滿利益會議），近因則為嫉視我近年來東三省之猛進，痛恨我刷新圖治之地方官長，乃藉口驅逐軍閥為民謀利，以挫其萌而斷其根，其萬寶山案、朝鮮慘殺華人案及田中案，或屬有意製造，或屬偶然，不過取為鼓動輿論之機耳。

　　2. 真象：九月十八夜轟炸鐵路之事，完全為日人製造，自擲炸彈一粒，是否鐵道破壞尚不可知，而即指此為中國軍隊謀轟鐵道，進兵襲擊，此事可證明者。一、所稱炸毀鐵路不過一公尺之鐵軌，而日人乃於六小時內佔領瀋陽及其他各大城市，北至寬城子，南至營口，若只為保護鐵路計，有佔領此等城市之必要乎？二、日人攻瀋陽城時，用無數竹梯以為攀登之用，若非先事籌備，何能得此？三、日人以為炸毀鐵路，乃華軍進攻之證，則不知九一八夜日軍入城，如入無人之境，若華軍果有意與日軍開釁，焉有不防守瀋陽之理。

（二）關於日人之故意擾亂東省治安，以為進兵之藉口者日人動謂東省盜匪遍地，為我政治不良之證，實則彼暗中收買胡匪，擾亂地方秩序，乃藉口保護本國人民生命財產，為實行進兵之計，一方面亦欲藉匪之力，搶掠焚燒，致民不聊生，流離遷徙，彼乃以極廉之價，誘買其地產。

（三）關於事變前後社會之狀況者

　　事變前農民均能安居樂業，九一八以後，則萑苻遍地，安寧無日，所有土地亦大都為日人佔領，以供軍事之用。

（四）關於東省不抵抗之真象者

東省軍隊對於日軍侵犯之不抵抗，並非怯懦，蓋相信國聯規約保障和平之規定必能有效，以為無論日軍如何尋釁，亦難置條約於不顧，不以武力抵抗，正不欲使事件益加嚴重擴大耳，近來丁超、李杜轉戰數月，無餉無械，迄不稍懈，忠誠勇敢可見一般。

（五）關於日人之製造傀儡偽國者

九一八以後，日人乘地方紛亂之際，即攫奪瀋陽市政，委土肥原為市長，卒以情形捍格，窒礙實多，乃強迫紳耆（如袁金鎧、闕朝璽等）組織所謂地方維持會，暫司行政，然該會知為人利用之危險，成立日即宣布只顧維持地方秩序，不問政治，嗣後盜匪益熾，情形愈加嚴重，日人不得已，乃命彼曾逮捕監禁之臧式毅為省長，以資鎮壓，一面組織所謂自治指導部，以為組織偽國之籌備，以日本人、朝鮮人、金州一帶已歸化之中國人，及南滿鐵路學校畢業生等為中堅，加以訓練，畢業後分發各地宣傳建國，至二月末在瀋陽開所謂滿洲建國大會，迫令各處民眾推舉代表赴會，由日本贈各代表每人金票一百五十元，會中招待員、辦事員等無不以嫻熟華語之日本人充之，臨時穿著華服冒充華人，會場標語，無非人民自決，真正民意字樣，強迫議決建設偽國，並誘劫溥儀於天津，迫其就偽國執政之職，而所謂大同年號之偽國，乃成立矣，哈爾濱民眾來函，述如何受強迫參加慶祝偽國成立者極多，如所謂偽國旗，均由日人在大連製造，轉運各處頒發，哈爾濱慶祝偽國成立大會時，中國人均一律拒絕同呼偽國萬歲，可為人民反

對偽國之鐵證。

（六）關於日人之欺騙調查團者

　　日人用以欺騙調查團及世界輿論者，其法甚多，其一則為收買無賴華人集會遊行，表示親日，將其攝影製片分送各處放演，以示華人之親日，並乘調查團到站之際，令本國僑民著華服冒充民眾代表前往歡迎，或強迫農商各界，呈遞其所撰就之贊成偽國陳請書。

（七）關於東省三千萬人民之公意者

　　日人以武力強佔東省土地，劫奪地方公私財產，或則強迫所謂偽國訂立讓與經濟財政之契約，或則強租強買農民之地產，此等強暴行為，東省人民恨之切骨，所締之公私契約，亦不能視為有效，至於所謂偽國，名為驅逐軍閥，為民幸福之新構造，實不過日人壓迫人民之工具，現東省人民處此暴力之下，水深火熱，痛苦萬狀，決與強權奮鬥，義勇軍所至，農夫輟其耕，商賈棄其業，踴躍加入，共同奮鬥，並抱定抵抗到底決心，寧為玉碎，勿為瓦全，無論如何，不甘作異族之奴隸云。

丙　我國代表團之贊助

　　我代表之任務，為協助調查團蒐集材料，以明事變之經過及現在之狀況，而處處尤須闡明我國之立場，俾調查團得時時注意，故當四月二十四日李頓委員長面告以日代表吉田謂，若調查團對於偽國外長謝介石之來電終始不復，則偽國當視為侮辱，瀋陽以北之調查將無由著手，現擬復謝一電，稱為謝君，而不稱外長，措詞現正在磋商，要以不令引起作為任何承認偽國之法律解釋為宗旨，同時並擬發一宣言，說明調查團之態度，其

內容須先得中日代表同意等語，答以調查團與他方往來
文電之事，我自不欲置喙，但關於中國方面須聲明者，
按照國聯行政院十二月十日之決議案，中日兩國政府應
予調查委員會一切便利，並未言及第三者，故調查團若
與所謂偽國有任何接洽，則中國方面不得不聲明並未參
加，且尚有奉告者，日本以偽國為名，種種要挾，以遂
其任何形式間接或直接承認之要求，貴團舉動必須謹
慎，免至失足無法挽回，此不僅為中國計，亦實為國聯
本身計，其發表宣言一則關係重大，雖無庸簽字，亦須
請示政府，次日並補去一函，重述上列各點（附件第一
號），日人對我之行動嚴重監視，不但使我不能履行職
務，亦實違反國聯十二月十日之決議案，除隨時面告調
查團外，並於二十七日去一長函（附件第二號），臚列
被監視之各種事實，要求設法制止，但此函迄未發生效
果，監視行為，變本加厲，蓋日人置之不理，而調查團
自身且不能免日人之監視，故對我代表團所受之待遇，
更無法強之停止也。

潘陽、長春、吉林、黑龍江、哈爾濱各處，凡可詳
述事變之人，我均開單轉送調查團，請其設法約談，一
面派員密與接洽，俾搜集材料遞傳消息，然彼等受日人
監視，行動絕不自由，每歎報國心餘，無從自效，蓋不
但不能見面，郵電且不能達，無已則如臧式毅在日人監
視之下，作形式上之會見，然臧君在此情形下，不能暢
言，其隱又可斷言也。在哈爾濱時，適上海停戰協定成
立，其時北滿日兵正節節失利，日人乃乘此機會，抽調
駐上海師團，猛攻我苦戰累月無餉無械之馬、丁、李各

部軍隊，日人一方停戰，一方戕我之手足，痛心之事，孰逾於此，爰電陳政府，逕電國聯，要求制止日人軍事之行動，以符國聯不使情形益加嚴重之決議，俾調查團得充量履行調查之任務。

會晤馬主席占山事件，事實上雖未能實現，然精神上實有重大影響，此在我國方面言，則調查團此舉可以證明該團在法律上、事實上仍認馬主席為我國黑省之正式官長，消息所播，不但馬主席之威信益得增進，而東省之忠勇軍民聞之，亦精神奮發，勇氣百倍，不以久戰無援而自餒，在日人方面言，則至調查團離平出關以來，該國用盡種種方術，予調查團以深刻之印象，俾能承認彼在滿洲已成之勢力，其懼調查團對於偽國之存在有所疑慮也，則令偽國始而來電歡迎，繼而宣傳反對中國代表，再則於赴長春時，為文書交換之要挾，俾此虛偽之國家成為實體化，懼彼審悉偽國為日人所手造，而非東省人民之公意也，則威迫利誘各級民眾為擁護偽國之陳請，嗾使趙欣伯、丁鑑修輩，偽飾偽國之領袖，為所謂建國要義之宣言，其東省夙負聲望，足以代表真正民意之紳耆，則加以監視或逮捕，令其不得與調查團接觸，而以告發其蒙蔽耳目之計，用意至深，佈置至密，自大連登陸至行抵哈爾濱時，沿途停留考察計凡二十三日，日人在此期內，本此宗旨，積極佈置，奏效匪鮮，使彼深信調查團之腦海內，已視偽國為正式國家，而無復中國置喙之餘地矣，故晤馬議起，彼極愕然，方知調查團尚未完全受其蒙蔽。此偽外部總務司司長大橋所以一怒而返長春也。

　　先是我函調查團，詳述欲明黑省真象，有前往晤馬之必要，該團乃於五月十四日在英領館開一會議，並邀我代表列席，委員長李頓爵士首先發言，謂調查團現可謂處於非常狀態之下，彼自到東後，困難叢生，致不得蒐集其所欲得之材料，然調查團未常不竭其所能，盡力以赴，今日談話宗旨，為詢中國代表對於約晤馬、丁、李三將軍之意見，維鈞答中國代表對於調查團在東省履行職務，因環境所迫，不能盡援助之責，至為抱歉，中國代表自抵大連以迄今日，不但不能履行代表之職務，且行動亦不自由，致擬蒐集貢獻於調查團之材料及介紹熟諳情形之證人以備諮詢者，均多不能實現，故關於調查團在現在特別情形之下所得材料，對其佳質之真確與完全與否，均不得不聲明保留，嗣討論如何往晤馬、丁、李之法，維鈞聲明應由調查團直接致電接洽，如有必要，中國代表處可設法代達，法委員高祿德以為現偽國與馬等軍隊立於交戰態度，欲衝過陣線，必須先得該國同意，故唯一辦法為先與偽國協商，美委員麥考益謂一越陣線，偽國即不負保護之責，故與馬會晤與偽國無關，亦無庸與彼商議，義委員謂茲事固屬困難，但並非絕對不可能，最好與馬、丁、李接洽，約一共同聚會地點如海倫，則調查團可全體前往，顧代表亦可參加云，結果委哈斯秘書長一面與偽國接洽，一面由我代表探詢是否與馬主席有接洽之可能。

　　十八、九日，日報為謀晤馬事大肆宣傳，哈爾濱公報大書調查團擬晤馬占山，新國家認為侮辱，擬撤回保護等語，十九日滿洲報載顧維鈞到哈後甚為活動，調查

團亦聽其言,「滿洲國」官憲甚為憤慨,審察形勢,當捨拘顧外,別無他法云云。

調查團之會見偽國官吏,我既不能阻止,亦不克參加,深恐調查團不識此等叛徒之本來面目,致為彼所欺,故每次調查團會晤此等偽國人員如趙欣伯等,必事前由我方查明該叛徒等之歷略、媚日之證據、叛國之由來等,詳細說明,書面送去,俾調查團胸有成竹,洞察背影,不易為狂言所惑,又迭次擬就詳細問案,以為調查團質問日人及奸徒之索隱,擇其弱點加以搜索,此項辦法得以裨調查團之發覺日人發蹤指示少數叛徒、推波助浪各情形,尤非淺鮮也。

日報攻擊調查團之新聞論著及捏造之件,或其他關係要件不易入於調查團之目者,我則代為彙譯,隨時送閱,間有更正之件,亦採同樣手續辦理。

我代表處人員與調查團正式會見機會雖少,但同人等多能自覓機會與各該團委員、顧問、秘書等接近,或傳遞消息,或探詢意見,或切磋討論,或更正辯難,於接洽矯正,不無裨益。

(五)調查時東省之狀況

關於東省之狀況,我行動既不自由,調查每多困難,惟身所感受,或見聞所及,或託外人考察,或由人民密陳,或採之街談巷議,或拾諸紙微言,行蹤所及,時有所獲,雖不盡其詳,要可識其略,亦分別彙述如左:

甲　我國人民之受壓迫

一　官吏及軍民

　　日人最所痛心者，為我東省之軍民各長官及素負聲望不甘附日之紳耆，故事變之後，即大事逮捕，嚴重監視，恐嚇利誘，令其服從，其不從者則置諸死地，如閻澤溥等，自事變後經日人逮捕，即行蹤不悉，生死不明是也，瀋陽如是，吉林、長春、哈爾濱亦如是，被殺官員紳耆者不知凡幾，不特此也，日兵所至之地，所有我官員之房屋傢具，亦莫不盡行收沒，如張學良、萬福麟之屋舍，現均完全喪失矣。

據所得報告，日兵所至之地，屠戮人民，焚燒房舍，姦淫擄掠，無所不為，一農民來函述其經歷之慘史云，余向務農，上有老母，下有弱妹，瀋陽事變之次日，日兵侵入我家，欲將我妹擄去，我母上前攔阻，即被殺死，我欲抵抗，即將我房舍縱火，現我為無家無母無妹之人矣，日前我入城欲訴之官署，官署亦拒絕接受，我徘徊道左，遇一小學生，乃乞筆紙作此書云云，可謂慘矣。

二　農民

　　農民所感最深之痛苦，為土地逐漸為日人奪去，前途益隘，將無復立足之餘地，日人自事變後，擁鮮民為前驅，強租我農民耕田，期限三十年，或勒令變賣，而任意與以低廉之代價，東三省從前官地現盡由日人收沒，以歸新來日本及高麗僑民之用，即前由官廳收買者，亦難倖免，為鼓動韓民來滿移殖計，日人新訂乘車規則，凡韓人來滿者，年在十七以上收半費，十七以下全免，至為便利，為日本人移殖起見，則在各地設購買地產局，以便新來僑民之置產，又為行軍便利計，則禁止我農民於鐵道附近種植高粱，蓋恐妨礙其炮線，而易

為義勇軍之藩蔽也。

　　農民所受日人壓迫之痛苦，已達於不能忍耐之程度，故有多數農民捨稼穡而事干戈，已離向日之樂土而加入義勇軍，從事鐵血生活矣。

三　學界

　　自九一八後，東三省內所有中學以上學校，全被日人封閉，教習學生，屢次請求開校，未蒙許可，蓋日人認中學以上學生為愛國分子反日之中堅，不得不嚴厲對待也，又欲誅滅我青年愛國之思想，則將各教科書大事刪改，凡教科書內有可以引起兒童愛國思想之詞句，均一律刪去，而代以親日之語，至中山學說，中國地理歷史，完全禁止講授，而增加日語為必習科。

四　智識份子

　　日人認我智識界為危險分子，在所必戮，故日兵所至之地，愛國志士得自全者絕少，此外為閉塞智識計，所有三省內各書店有關係之書籍，均沒收一空，又懼我三省人民之聆悉關內情形也，則凡關內之書報，均一律禁止輸入，原有東省之中文各報，則或加以所謂整理，或加以收沒，改為日本之宣傳機關，偶載不利於日本之言論或消息，則即時加以封閉，故現時如瀋陽之東三省公報，哈爾濱之國際協報等，雖刊布仍屬中文，而性質則與前迥異矣。

　　關外與關內通信，日人亦嚴加檢查，由關外寄關內函件，若稍涉及日本在東省之暴行，寄函人必遭逮捕或殺害，若函內用隱語或一種為檢查員所不識之文字，則彼竟將全函沒收，不予投遞，或將內函收去，而逕遞一

封套，此等檢查，不但平民信件絕不能免，即我代表團
與關內往來函件，亦莫不常被拆閱收沒也。

五　日人消除反抗之殘酷

日兵所至處，如有表示反抗者，其城市必遭轟擊，
屠其人民而焚其房舍，以表顯其軍威而增加其恐怖，偽
國成立後，懼仍有愛國志士不忘祖國也，則恆執途人而
問之曰，汝為何國人，若答為中國人，則登時必遭毆
擊，至彼承認為偽國人而後已。

一函述日兵常侵入各小學校，令學生同呼「滿洲
國」萬歲，一日一生大呼中華民國萬歲，日兵登時即將
該生槍斃。

乙　叛徒之利用

叛徒種類有自願者，有被誘者，有脅從者，亦有為
生活所迫而暫時苟安者，日人無不分別利用，令其直
接為偽國服務，間接為彼邦之爪牙，綜其類別，可如
下述：

一、視為曾在張長官時代被排斥或逮捕監禁，欲藉
　　外人勢力以為洩憤報仇者。

二、受日人賄賂豢養或其他榮典者。

三、視中國現在情形為失望，而欲另闢途徑者。

四、失意官僚無事可就者。

五、反對現時黨治制度，另求出路者。

六、下級官吏、警察、兵士等為生計所迫，不得不
　　暫時屈服者。

七、帝制派尊崇滿清者。

八、業受強迫為偽國服務，無法脫身者。

　　偽國之官吏，除最高級所謂秘書長、總務司長、各省民政廳長、警察廳長、顧問等為日人外，十九仍為中國人，大部分固為向在東省服務者，然由關內前往者，亦正不乏其人。至偽國軍隊如熙洽、于芷山、程志遠等，所率人數達八萬五千人，各地方之警察隊，亦達十一萬九千，以此眾多武裝之人數，乃屈服於數萬之異族，寧非異事，調查團亦深知東省三千萬民眾之能為日人征服者，非其對於政治漠不關心，即乏胆力從事抵抗，非本心也。

　　日人謂滿蒙民族均反對中國，贊成偽國，此等民眾，據彼統計，有滿洲八旗二百萬，漢旗二百萬，蒙旗一百萬，共約五百萬。

　　偽國之高級官吏於調查團所至各處，咸到站迎候，與我不無接觸之機會，或則俯首而過，或則趑趄不前，察其狀態，似已受日人訓令，不准與我交談者，其下級者則事務員、偵探、警察之流，彼等咸能選擇機會，向我表示彼仍心向祖國，不過一時為生計所迫，不得不違心俯就，並在其可能範圍內，仍力謀為有利於中國之動作云。

丙　日人消滅抗日軍隊之進行及計畫

　　東三省抗日軍隊可分為五部。一、通化一帶王德林義勇軍。二、李杜、丁超兩司令之殘部。三、馬主席占山軍力。四、李海青軍隊。五、遼西義勇軍。

　　通化一帶王德林部，於五月初間聲勢甚大，曾圍攻通化，推進至朝鮮邊界，並令瀋海、吉海兩路同時吃緊，丁、李兩部五月間轉戰於一面坡、葦河、方正之

間，並聯絡馮占海、宮長海部，進至阿城，馬部亦於是時沿呼海路迤達松浦，緊迫哈爾濱之北，李海青隊則於二十日左右，由長春西北農安、扶餘、肇州北展，已達肇東，馬部亦有南達安達消息，蓋北滿情形以此時為最危險也。

日人對抗反日軍之策畫，抱定令我自相殘殺主義，故其對吉林義軍，則派所謂剿匪司令于芷山，統率吉林軍應付，與李海青部，則責成程志遠黑軍負責，近在哈爾濱又設所謂東路護路司令者，以白筱泉為旅長，其目的有二：（一）表示抗日軍為土匪而由偽國討伐。（二）偽國軍勝則可不費力而消滅抗日之軍隊，敗則亦可以消滅為彼所猜疑之偽國軍隊。

然投降偽國之軍隊，亦不乏深明大義者，故與我義勇軍作戰之際，倒戈反正者不時而有，日人懼之，則恆以彼國軍隊隨其後，監視動靜，強迫作戰，凡畏縮不前或遲疑示意者，均不免於一殲也。

北滿吃緊時，日人知叛軍之不可恃，乃由本國兵士出動作戰，並利用上海停戰協定，抽調駐滬多門等師團增援，時調查團正旅長春，見北上兵車日夜不絕，到哈後，彼乃向丁、李兩部為大規模之攻擊，其能阻止丁、李之前進，保持哈爾濱者，蓋特此也。

日本留滿之軍隊，據其報告於調查團者，為二萬二千四百人，惟據各領事館調查所得，則知實數倍此不止，現在東省全部交通便利之處，均為彼佔領，軍隊調動，彼可任意為之，既無人能從事監督，亦無由察悉其真象，彼之以多報少，以表示彼在東省駐軍與平時相去

不遠，並無積極之軍事行動也。

　　在大連時聞日人懸重餉招兵甚急，其用意係知現時滿洲軍隊之不可靠，本國軍隊又不肯輕易犧牲，乃欲招練滿洲新軍二十五萬，實行令我自相殘殺，其辦法為除馬隊完全於蒙族中招募外，每村徵一人，令其全村作保，以防止逃亡或反正，教練統率，全歸日人擔任，又彼向調查團宣言日本軍之撤退，須視滿洲軍隊改編之進行如何，方能決定，當即暗指此現在新編之二十五萬軍隊也。

丁　日人把持東三省政權之內幕

（一）行政

　　偽國內日籍高級職員約二百數十餘人，偽國政務實操之此等日人之手，自所謂中央政府（長春），以致各省區縣治日兵所及之地，行政機關無不由日人統治，偽國職員不過奉行命令而已。偽國執政下設國務院，院設總理及總務處長官，總理不過徒有其名，以鄭孝胥為之，總務長官處則為庶政之所出，以謀華最急之日人駒井任之，所有偽政府命令，均須經駒井副署，否則不能發生效力，其他各部如外交、交通、財政等組織，亦略相同，各部長以外設所謂總務司，均以日人為司長綜攬部務，部長、次長徒有名義，毫無實權，外部總務司司長為大橋，現經升任次長，為駒井之死黨，省制度以遼寧省而論（現稱為奉天省）設省政府，任華人為省長（日人謂為滿洲國人）下設顧問四人，均以日人為之。鹽務署、財政（近傳已裁撤）、實業、教育廳、高等法庭、東三省官銀號、邊業銀行等廳、署、庭、行長亦任

華人，而任日顧問二人至四人，所有署務、廳務、庭務、行務，均須經顧問簽字，方能發生效力。

所謂奉天市設市政府，亦以華人為市長（閻傳紱），而下設日籍顧問二，至民事科、工務科、警察署則以關係重要，科長亦由日人充任，並掩人耳目之顧問名義，亦廢而不用矣。

哈爾濱向為東省特別區，形勢稍異，日人仍保存其為特別區，任張景惠為長官，另設特務機關，以日人為特務機關長，直承關東司令部之命令，處理一切政務，所有關係東省特區之事，特區長官均須呈候特務機關長裁決。

縣設所謂自治籌備會者處理縣政，內亦設日顧問二人至六、七人不等，因區域之大小，地方之重要與否而異，而此所謂顧問者，即為會之中心，更無庸贅言矣。

關於軍政者，我從前殘留吉、黑軍隊投降偽國者尚多，此等軍隊即為現今所謂偽國之軍隊，上下軍官多仍其舊，日人則於每師之參謀處內設日本顧問，秉承日本關東司令部命令，監督各該師旅長之動作。

警察除日人為局長外，警士十九仍為華人，日人既一時不能將其全體更換，又深慮其攜貳，則將其子彈收去，僅留槍械以資彈壓，至有事時始酌發數顆，如調查團到哈爾濱時，為警備計，始每警發彈五粒。

空、海軍完全為日人攫去，現偽國政府內並無此項名目，亦無此項機關，所有屬於前東北邊防軍司令部之飛機及船隻，其存留於東省者，悉為關東軍沒收使用矣。

　　關於水陸交通者，我東省各鐵路既已陸續為日人佔領，管理權均已喪失，現吉長、吉敦兩路，日人強迫偽吉林省政府訂借款合同日金三千六百三十萬元，將兩路合併歸滿鐵管理，齊克路強借日金三百萬與呼海路合併，連同四洮、吉海等路，委託南滿代理經營，又強迫偽吉林省政府訂立敦圖、長大、拉哈三線五千萬借款合同，敷設新線及修築間島線，劫攘宰割，同時並進，我鐵道權之損失正未有已也。詳見鄒專員恩元報告（附件五）。至內河航道，則自哈爾濱淪喪後，我松花江航政，完全入於日人之手，復將我松花江各商航，強佔載運軍隊，以為攻擊我丁、李兩軍之用。

　　東省財政自日人侵入後，即收沒東三省官銀號、邊業銀行、吉林銀行、黑龍江銀行，將其資本並彼之所謂借款二千萬元，設立所謂偽國中央銀行，以控制全區之財政。

（六）結論

　　綜觀調查團赴東北之經過、行程、工作，每受日人之掣肘與操縱，所有參觀接洽會晤等事，不能完全自由決定進行，凡所公然晤見之華人，均係日方介紹，其為日方所不同意者，如見馬占山之議，因被尼阻，即不能實行，間有未經日方介紹而為調查團秘書等所得而逕自接見者，則必先經多方迂迴曲折之布置而秘密行之，以避日人之覺察，情形困難，可想而知。

　　日人自去冬起，即積極籌備創立偽國，以逃避國聯之束縛，調查團抵華時，事實已成，計乃大逞，調查團某委員曾言偽國如私生子，雖不合法而不能認為無有，

可見已成事實之重要，而調查團之不能早日東來，其影響亦非淺鮮，查調查團之遣派已於一月就緒，其中委員亦有準備立即經西伯利亞前來者，果使乘偽國尚未建設之際，翩然蒞止，則偽國或竟受阻止，未能成立，實未可知，即調查團抵滬之日，偽國一切草創，組織亦未就緒，果能立即前往，或亦可使日方有所顧忌，不便猛烈進行，則其所處地位或不致如在東省之困難，惜乎雖經再三催促，而卒不能及早前往也。日人組織傀儡滿洲國，為抵制國聯之利器，彼即恃此公然破壞十二月十日決議案內給予便利之規定，以阻止調查之進行，調查團偶一抗議，彼則諉諸偽國，並謂偽國於國聯無干，不受其任何決議之束縛，調查團明知其偽，而事實存在，無可如何也。

調查團之意，以為欲與日本謀一解決中日糾紛之妥協，絕不可因細故發生齟齬，而尤不可因行程之或海或陸，我代表處人數之限制與自由行動之取締等問題，逕與日本決裂，致調查使命頓成泡影，蓋彼深悉日人欲破壞調查團前往之隱衷，不惜於無可忍耐之餘曲為忍耐，於無可容納之餘勉為容納，以避免決裂，勿墮日人之計。故排除萬難，完成使命，當為調查團赴東北之最大意義，而吾國既恃國聯處理東案為主要政策，自亦以與調查團協調為最要之圖，故對於日方之種種恫嚇、播弄與一切不法行為，在所必爭，但爭之不得，亦惟有隱忍，而一聽調查團自由應付，勿使調查使命半途中輟也。

處此特種情形之下，調查團欲蒐集真切消息材料，

當然有相當困難，況調查團既已委曲求全，則對方氣燄
益盛，要挾脅制，層出無窮，處處謀阻調查團真相之工
作，而一經事實上與偽國接觸，則華人之口作反華之宣
傳，顛倒是非，混淆黑白，尤所難免，經維鈞於哈爾濱
會議席上及入關後去文聲明，對於調查團在東省所得消
息材料之真確完備性質，均加以保留矣。

附件一：致調查團備忘錄

民國二十一年四月二十五日發

本月二十四日准調查委員會委員長李頓爵士面告顧
代表謂，現因商訂在滿調查日程，發生困難，對於自稱
所謂滿洲國外交部總長並曾來電表示，欲給調查團以進
行工作便利之謝介石，擬以個人名義致電答復，又謂
調查團之用意，只在渡過其履行職務上之難關，對於應
行調查各地內把持行政機關者，並無予以任何方式之承
認之意旨，為避免誤解調查團之態度起見，現正考量發
表一宣言，其宣言須得中日兩國代表同意等語，顧代表
當答，本國政府係根據一九三一年十二月十日行政院決
議任彼為代表，以協助調查團，該決議曾經中日兩國接
受，並載明兩國政府對於該委員會應予以一切便利，俾
該委員會所需之任何材料均可得到，但決議條文並無預
備接受第三者新團體之意，亦無容納第三者新團體之餘
地，因此顧代表曾明白宣言，對於任何進行手續，凡足
以損害其行動自由之權，或損害其依照上述決議在東三
省所應享法律上之地位者，無論直接間接，均難贊同，
顧代表同時並聲明，切望調查團於設法完成其在滿調查

工作之際，不採任何步驟及辦法，致使其自身立場益趨複雜，或竟使妨害將來判斷之自由。

　　顧代表又曾言，現所考量之各點或涉及原則問題，故將來擬發之宣言交彼察閱時，彼擬請示政府。

附件二：致調查團節略

民國二十一年四月二十七日瀋陽

　　為請貴委員長暨各委員注意，本代表及其隨員等所受限制其行動自由，妨害其履行職務之種種困難及不便事，查本處人員出入，不但有一、二偵探跟隨，即在大和旅館內亦有大隊警察監守，本代表即往餐室或旅館內之他室，亦莫不有人緊隨監視，所往之室經警察記明號數，往訪者則登載其姓名，已數見不止一次矣。

　　代表處一部分人員下榻之東方旅館，情形尤為難堪，旅館樓下恆有警士十餘人監守不絕，警告中國代表處人員，每離旅館，須通知駐館之偵探，俾得派特別人員隨同保護，然中國代表處人員即閉門不出其室，亦不能享受安寧，因該警士等亦隨時侵入加以盤問。

　　如本早本處參議蕭君偕德報記者巴特路君前往訪寓於東方旅館二十六號之中國代表嚴君時，日人名市丸新次者，竟不問可否，侵入該室，自稱為關東廳之翻譯官，奉派前來旁聽等語，該案詳細情形載附件筆述內。

　　中國代表處與外界交通完全斷絕，凡中國人均不得到東方旅館及大和旅館訪問中國代表處人員，因此被捕者已有數起，本月二十三晚，一日人偕同警察數人逮捕一華人名張光圻者，其原因為疑張君曾至大和旅館謀

見一中國代表處處員，又本月二十四日下午有華人陳某者，來大和旅館訪代表處處員某，甫出旅館門外，即被日警逮捕押送於警察總局，又本月二十六日利亞藥房之齊某，往訪本處謝醫官於東方旅館，亦即為日警捕去，押解警察署，嚴審其與謝君之談話。又本月二十四日有名梁某者，往東方旅館欲見謝醫官，雖曾經梁君詳述姓名住址籍貫，亦被日警阻擋。

　　此等行動自由及交通自由為中國代表及其隨員等應享之權利，今被限制，實非正當，若能將其制止，並設法將所佈置之保護辦法減至最低限度，令其與原來宗旨適合，則本代表當深為感幸。

附本代表處參議蕭君筆述

民國二十一年四月二十七日瀋陽

　　繼榮於二十六日上午十一點半，偕德報記者巴特路君往東方旅館晤本處主任嚴君恩櫃、繼榮等入嚴君室未久，即有一日人隨入，此日人並不自通姓名，而即指問繼榮為誰，嚴君答為中國代表處人員，並反問彼為何人，為何來此，彼即答服務關東廳，被派來聽吾等之談話。

　　此日人復指問巴特路為誰，巴君示以其所持之執照，並用英語答復，該日人即要求嚴君為彼譯成華語，因嚴君拒絕翻譯，彼即言他室內尚有一司英文之日本翻譯，我等應稍候數分鐘，後該日人離去，言將請翻譯來，但並未即返，繼榮與巴君二十分鐘後亦離去。此日人按照其名片為市丸新次，關東廳之翻譯官。

附件三：致調查團節略

民國二十一年五月三日長春

中國代表謹報告調查委員會委員長、委員如左：本日下午敝代表正在本旅館第二十一號住房接見滿洲來復會二教友，聞叩門之聲，甫啟門，一群日本人約五、六名，內有一名似係首領，堅欲進房，查問接見者為誰，及其來見之目的為何，經敝代表請其告知姓名及所代表之機關，該日人藉詞已將名片交與中國代表團某隨員，不允告知，帶該隨員為此事往見日本代表未返，嗣查悉該日人為長春警署科長（屬於關東租借地之警署）三上，三上遂即入室，其勢非敝代表自行離開本房，不能誘使他去，正在為難之際，適調查委員會愛斯託君經過，由其友誼之居間，始知三上之所亟欲知者，為中國代表是否得日警署之允許接見訪客，及訪客是否亦得允許進謁中國代表，經愛斯託君調停，始將三上及其隨從勸走。

如蒙委員長查察日本警察當局是否定有關於中國代表接見賓客，及賓客進見中國代表之任何限制，並向日本當局提出必要之抗議，俾敝代表得享參與員之權利，而無不正當之干涉，不勝紉感。

附件四：致調查團節略

民國二十一年五月十二日哈爾濱

為請貴委員或派員會晤丁超、李杜兩將軍事，查丁、李兩將軍統率中國正式軍隊，該軍隊為前東北邊防

軍之一部，自本年一月後因與東北各省軍事總部斷隔，盡捍衛中國國土之職，迄今仍與日本及偽國之聯合軍隊戰於吉林省之東北，而以沿哈爾濱東之中東鐵路線為尤甚。

本代表意，若令該二將軍陳述其最近繼續抵抗侵入軍隊之經驗，則調查團對於日軍如何佔領哈爾濱之一切經過情形，必可得一中國方面真確之陳述，俾益可明瞭東省此部分之情形，及因此而發生之各項問題也。

依現在形勢，本代表之舉動極不自由，惜不能與該兩將軍接洽為會晤之種種準備，且不能盡悉該兩將軍目下行蹤所在，但據報載，現在正北距哈爾濱約一百英里，若調查團去一電或得此間領事協助派一員前往，均可與彼接洽也。

本代表前經由貴調查團秘書長向貴團提議會晤黑龍江省主席馬占山將軍，以便取得關於日人種種活動之消息，因此種種之活動，實釀成上年十一月、十二月間沿洮昂路線之激戰，卒使齊齊哈爾被日軍佔領也。深盼調查團現能與馬將軍約晤，馬將軍極受滿洲及中國其他部分輿論之擁戴，彼之事實及意見之陳述，頗足以反映中國人民之意旨也。

附件五：鄒專員恩元關於鐵路之報告

敬呈者竊恩元蒙派隨同國聯調查團赴東北調查，遵即隨同前往，蒞瀋以後，所有經過情形，業經隨時面陳，自鈞座離瀋赴長，恩元亦即於五月五日自連回平，在瀋共十餘日，在日人嚴重監視之下，以云調查，實屬

萬分困難，所幸恩元在東北路界服務較久，人地熟習，乃於無可設法之中，竟獲與瀋海、吉長、吉敦、吉海、四洮、奉山等路首要人員晤談機會，對於各該路九一八事變以後，日人侵略情形及現在狀況，得為相當之調查，除關於專門事務另行編造報告外，茲將較為重要各事項先為分陳如次：

一對於鐵路員司之慰勉溯自九一八事變發生後，東北各行政機關紛紛遷入關內，各公務員亦多隨同入關，惟鐵路與普通行政機關不同，不能遷徙，故各路員工除有特別情形者外，大都仍舊在原路服務，而日人為圖持把東北各路，以逞侵略之目的起見，深以不得將各路華員盡換日員為憾，故對華員百般排擠，有詞可假，即行撤換，四洮等路並實行離職獎金辦法，凡華員願自行離職者，在限期以前，則給以獎金原薪若干月，逾限被革，則不給，藉金錢之勢力，作排人之巧計。所遺缺額，凡課長以上，多補日員，其他即補以日本化之華人，或更直接調用滿鐵日人，以遂其把持之目的，如是日人更可為所欲為，毫無顧忌。而其侵略之內容，我方更無法偵刺，對於將來交涉收回，我方自必更感困難，此次恩元與各路人員接晤甚多，類皆深明大義，洞悉日人奸謀，無不含垢忍辱，待為祖國效命之機會，以視隨意離職改就他路者，苦逸迥不相同。凡此深明大義在職之員工，在我政府應予以慰勉，鑒其苦衷，除當時已面陳鈞座外，對於該員等究應如何慰勉之處，應請政府速為核奪施行。再吉敦路工務員胡世琪、警務段長王滌中、巡官田沛森、敦化站電報生楊振邦等，於義勇軍王

德林進攻敦化時，設法援助克復縣城，厥功甚大，日軍
將胡世琪、王濚中捕去，加以私通中國反吉暴徒名義，
以刺刀刺死，死狀甚慘。應請政府一併予以昭雪，以
慰幽魂而資激勸，似此辦理，則凡現在東北服務人員
必能感激奮發，相機報國，雖效死亦所不辭矣。

二鐵路問題之進行東北鐵路問題，乃日方侵略東北
之中心問題，故日方於九一八事變後，即從事東北鐵路
問題之解決。如新滿蒙五路問題、滿鐵併行線問題、各
路借款問題，均已由日方與各偽省府為相當之解決，其
解決辦法大約如下：

（一）建設新線日方與偽吉林省政府訂立敦圖（由
吉敦路之敦化至圖們江岸即完成吉會全線）、長大（由
長春至大賚）、拉哈（由吉敦路拉法站至哈爾濱）三線
借款合同，借款額為日金五千萬元，日方已在長春設
立新線建設部，從事以上線之建築，於上年十二月間開
始勘測，結果長大線暫行緩築，而先建築敦圖、拉哈二
線，敦圖業已正式動工，惟因王德林部義勇軍阻止破
壞，暫為停頓，一俟地面平靖，仍繼續進行。

（二）吉長、吉敦兩路合併，日方於上年十一月一
日與偽吉林省政府改訂吉長、吉敦兩路合併借款合同，
借款額共為日金三千六百三十萬元，利息七厘五，期限
五十年，由南滿代理經營，年分紅利二成，四成歸政
府，餘四成作為資本支出。

（三）吉海路歸南滿代理經營，吉海路已由南滿與
偽吉林省府訂立合同歸併吉長，與吉長、吉敦同歸南滿
代理經營，吉海路局仍設總辦一員，下設兩課，所有

車、工、會三處由吉長日籍處長兼理。

（四）四洮改訂合同歸南滿代理經營，日方與偽奉天省府改訂四洮鐵路借款合同，借款額日金四千九百萬元，利息七厘五，期限五十年，由南滿代理經營，保息若干，倘收入不足，由南滿墊付。

（五）潘海路之攘奪，潘海路管理機關為保安維持會會長，雖係華人，而監事長則為日人，各處並有日顧問主持一切，實權均在日人之手，現擬將商股退還，改為純粹官辦，由南滿加入資金。

（六）各路管理權之獨攬，日方預定計劃將潘海、吉海、吉長、吉敦改為滿鐵東部線，將四洮、洮昂、洮索、齊克改為滿鐵西部線，除各路局長，總辦仍舊設置，僅於局長下酌設兩課，辦理普通事務外，至於車務、工務、會計、則全部線混合設處辦理，處長以日人任之，此項計劃本擬四月一日實行，因國聯調查團蒞臨，暫緩實現。

（七）侵佔奉山之計劃，偽奉山路因有英款關係，日方尚未公然侵佔，現正飭路局趕辦自本年起四個年度之預算，對於支出則特別增加，對於收入則設法限制，使其入不敷出，年有虧累，以便由日方投入資本，以債權地位攘奪路權。

（八）齊克呼海路之攘奪，由日方強借日金三百萬元與江省官銀號，將呼海、齊克兩路合併，委託南滿代理經營，南滿分紅利二成，三成歸省府，五成作資本支出之用。

（九）間島鐵道之敷設，日人利用延邊鮮人墾地雜

居關係，強稱延吉、汪清、和龍三縣為間島移民種地，喧賓奪主，近因鮮人渡江入境，日多一日，日人復強自指定樺甸、安圖及敦化之一部為西間島，日事擴張勢力，仍以建築鐵路為侵略工具，查朝鮮鐵路自清津港至會寧一段，已照標準軌間建築完竣，會寧至潼關本係狹軌，現已改築標準軌，並定延築至穩城，渡江入我國境，經汪清、寧安以至海林（中東路）。一面並築朝鮮之雄基港，以與清津港並立，自雄基至穩城現已修築標準軌間鐵道，預定本年十月通車，從此朝鮮境內路港貫通，運輸便捷，影響於我邊陲軍事、經濟者，至深且鉅，其在我境內日人擬築之路，則在寧敦線自寧安經爾站、塔拉站、靠山屯至敦化，預算建費日金二千萬元，又前述穩城至海林一線稱為穩海線，自海林經寧安、東京城、義松、三垈口、汪清至穩城，預算建築費日金三千五百萬元。此二線建築進行已由日人與偽省署有相當接洽，不久即見諸實施，至敦圖一線，係敦化至圖門江之鐵路，日人現擬分南北兩線修築，北線自敦化經銅佛寺，延吉至圖們江邊之傑滿溝，並連接穩城以達雄基港，南線則自敦化經銅佛寺、龍井村、和龍至會寧以達清津港，即前吉會路之一原線。九一八事變以後，日人初擬武力動工，繼因與偽省署妥洽，乃由官廳保護測勘，現已測畢，即將動工，應用軌枕材料已自清津運至會寧，積存甚多也。

綜觀上述各項，敦圖、長大、拉哈三線之新借款合同及延邊新線之成立，則侵略我國之滿蒙五路已變相實現矣，吉長、吉敦兩路合併，則吉敦已不收工而收工

矣，瀋海、吉海及四洮昂等路，分別併為滿鐵東西部線，奉山亦有被囊括之趨勢，則併行線亦不成問題矣，從法理上言之，日方與偽組織及其任何附屬機關所訂契約，我國可不承認，自均一律無效。

鄒恩元　謹呈　六月六日

五　國聯調查團報告書摘要

中日爭議調查團報告書，係於一九三二年九月四日在北平簽字，除緒言外，計分十章，對於種種問題之特殊研究，均載入報告書附件內，此外尚有一附錄，載明該團所取之行程，所會見之人物姓名表，及中日雙方所提交該團之文件。此項附錄及關於特殊研究之附件，容後公布。

緒言：緒言首述中國因一九三一年九月十八日瀋陽事件發生而將中日爭議提交國聯行政院時（中國之要求係於一九三一年九月二十一日依國聯盟約第十一條提出）之情形，國聯所採之行動及依一九三一年十二月十日之決議指派調查團。

該調查團由左列各員組成之：

馬柯迪伯爵（義）

克勞特將軍（法）

李頓爵士（英）

麥考益少將（美）

希尼博士（德）

在一九三二年二月三日，該調查團啟程，經由美國

來遠東之前，曾在日內瓦舉行兩次集會，並經一致選舉
李頓爵士為調查團主席，嗣經日本政府及中國政府指定
參與代表如左：
中國前國務總理前外交部長　顧維鈞
日本駐土耳其大使　吉田

　　國聯秘書廳股長哈斯，嗣被任為調查團之秘書長，
在調查團進行工作之時，並有各專門家供其顧問。在該
調查團啟行之前數日，中國政府曾於一月二十九日依照
國聯盟約第十條、第十一條及第十五條提出更進一步之
要求，及於一九三二年二月十二日，請求行政院依國聯
盟約第十五條第九項之規定，將中日間之爭議，提出國
聯大會討論，自此以後，該調查團即未從行政院得有任
何訓令，故仍本十二月十日之行政院決議，解釋其本身
之任務如左：
一、審查中日間之爭議（包括此項爭議之原因發展及在
　　調查時之現狀）。
二、考慮中日爭議之可能的解決辦法（務須對於兩國之
　　根本利益予以調和）。
調查團對於其自身使命所具之概念，調查團工作及旅程
　　之綱領以及報告書之計畫，均決於該團對於其自身
　　使命所具之概念，其概念如次：
（一）中日兩國在滿洲之權益，實為此次爭議之根本原
　　　因，該團對於此項權益，曾加以敘述，以作此
　　　次爭議之歷史背景。
（二）對於爭議發生前最近發生之特殊爭端，加以考

察，並對一九三一年九月十八日以後事件進展之
情況，加以敘述，在研究此項爭議之過程中，該
團聲明對於已經行動之責任堅持較輕，而對於尋
求防止將來再發生此類行動之方法堅持較重。

（三）最後該團對於各項爭執點加以考慮，並依據該團
認為足以永久解決此次衝突並恢復中日間好感
之原則，提出建議數條，而報告書即告結束。

旅程：在未達滿洲以前，該團曾與中日兩國政府及
代表各方意見之人物發生接觸，以求確定各方利益之
性質。該團於二月二十九日行抵東京，三月十四日至
二十六日停留於上海，三月二十六日至四月一日在南
京，再在中國續行，於四月九日抵北平，然後前往滿
洲，在該地勾留至六月四日，歷時六週，中間曾巡視該
地各重要城市，最後調查團於六、七兩月中，再度赴北
平、東京各一次後，即於七月二十日留居北平，而在該
地從事於報告書之起草。

現時爭執之背景：第一、第二、第三章說明九一八
瀋陽事變之發生，乃歷年輕微衝突之結局，足以顯出中
日關係日趨緊張，如欲澈底了解兩國間最近爭議之真
相，必須明瞭最近兩國間之關係，例如中國民氣之發
達，日本帝國及舊俄帝國之拓展政策，最近蘇聯共產主
義之廣播，中、日、蘇三國經濟及國防策略上之需要，
凡此諸端，皆認為研究滿洲問題之重要事實，九一八以
前中日兩國在滿洲之若干主要交涉，亦有敘述之必要，
蓋必如此，然後可以確定滿洲何以成為爭議之焦點，以
及將來彼此爭議平息，雙方根本利益如能真正調和，為

求此項爭議永久解決起見，何種問題值得研究。

第一章　中國近年發展之述要

　　支配中國之重要原素，即為中國自身徐徐之進行之近代化。今日之中國，乃係一正在演進之國家，其國家之一切生活，均在在顯出一過渡之現象，政治上之波瀾、內戰、社會及經濟上之不安，以及其相緣而生之中央政府之脆弱，均係為一九一一年革命以來中國之特殊現象，凡此種種情形，均足使彼與中國發生接觸之各國，蒙受不利之影響，而於其改善以前，又必將繼續威脅世界之和平，以構成世界經濟不景氣之一原因。本章將釀成此種種現象之過程，簡單申述，如滿清之推翻、民國首數年之情狀、一九一四──一九二八年間之內戰與政潮，孫中山先生之組織國民黨，一九二七年南京中央政府之成立，中央政府與其反對分子之競爭，共產主義在華之發展，以及中央政府在中國南部與共黨組織之衝突，均有簡要之陳述。

　　由該項簡要之陳述以觀，即可知分離力之在中國，現仍具有權威，此等不能黏合之原因，則以大多數民眾，除於中國與外國間呈極度緊張狀態時，均係側重於家族或地方觀念，而不重國家觀念。現在雖已有若干領袖，不復拘拘於此種狹隘之思想，但欲有真正國家之統一，則必以大多數民眾具有國家觀念為前題。

　　至於在中國之共產主義，則又與在他國之情形不同，蓋共黨主義之在中國，並非如在他國僅為一種政治上之主義，為若干現存政黨中之黨員所信仰；亦並非一

種特別政黨之組織，冀與其他之政黨爭奪政權。中國之所謂共黨，則實係對國民政府為實際之對抗者。不特此也，由共黨戰爭所產生之擾亂，則更因中國正在內部改造之困難時期，而增加其嚴重，過去十一月間，且更因特別重大之外患而愈增其糾紛，蓋共黨問題之在中國，實為一較大之問題，即國家改造之問題，有不可分離之關係。

中國當此過渡時期，具有此不能避免之政治的、社會的、智識的及道德的種種紊亂情形，雖不免使友邦失望且產生忿恨之念，足以為和平之危險，調查團卻認為雖有此種種困難遲滯與失敗，中國方面實已有許多之進步，試將現在中國之情況與一九二二年中國之情況兩相比較，即可知此言之非誣，現在中國中央政府之權力，在若干省分，固仍屬薄弱，但中央政權並未被否認，至少要未被明白否認，如果中央政府能照此維持，則各省行政軍隊及財政，均可逐漸使其具有國家性質。總之，現政府對於改造之努力，雖不免有若干之失敗，實已有甚多之成就。

現代中國之民族主義，固係其經過此過渡時代之正當的現象，良以一國國民，既有國家統一之覺悟，則當然具有一種對外解放之願望，但在中國，則於此種願望之外，因有國民黨之勢力，遂更引入一種極力反對外國勢力之不規則的色彩。本章即申述中國民族主義中所包含之重要的要求，以及各國對於此種要求之態度（而尤以關於領事裁判權之放棄及其對於維持中國法律秩序之關係為尤詳）。中國前於華盛頓會議時，即早已踏入以

國際合作解決中國困難之途徑，果克遵循此途，繼續邁進，則自華會以來之十年中，中國殆早已可有具體之進步，惟不幸因排外宣傳之熱烈，遂頓使進步遲滯，其中如經濟抵制，及將排外宣傳導入學校兩事，進行太猛，遂以造成本案發生時之特殊空氣。

日本為中國最近之鄰邦，且為其最大之顧客，其因中國流行之情形所遭逢之損害，自較其他之各國為鉅。不過此項問題，雖使日本受有較他國更鉅之影響，要非僅為一中日問題，且也，現在之極端的國際衝突，如能由國聯予以滿意之解決，則正可使中國相信國際合作政策之利益。此項國際合作之政策，固係導源於華盛頓而於一九二二年發生極優良之影響者也。

第二章　滿洲之狀況及其與中國其他部份及俄國之關係

本章敘述一九三一年九月前滿洲一般的狀況，及其與中國其他部份及俄國之關係。稱東三省為一廣大膏沃區域之四十年前，幾未開闢，迄今人口仍形稀少，對於解決中日人口過剩問題，極佔重要位置；河北、山東兩省之貧民，移殖於東三省者，以數百萬計，日本則將其工業品及資本輸入滿洲，以換取食糧及原料。若無日本之活動，滿洲不能引誘並吸收如此鉅額人民，若無中國農民及工人之源源而往，滿洲亦不能如此迅速發展，但滿洲雖極需要合作，因有前述理由，初則成為日俄競爭區域，繼則成為中國與其兩強鄰之衝突地方。

當初中國對於發展滿洲，甚少努力，幾令俄國在該處有管轄之權，即在樸資茅斯條約重新確認中國在滿洲

之主權後，在世界人士眼光中，仍認日俄兩國在東三省之經濟活動，較中國本身為顯著，同時中國數百萬農民之移殖，確定該處將來永為中國之所有，當日俄國致力於劃分利益範圍時，中國農民即占有土地，故目下滿洲之屬中國，已為不可變易之事實。自一九一七年俄國革命後，中國對於東三省之管理及發展，開始積極進行，近年來更欲計劃減削日本在南滿之勢力，此種政策，使衝突益形擴大，至一九三一年九月衝突達於頂點。

本章又敘述張作霖及張學良時代對於滿洲之政策及統治狀況。張作霖屢次對於北京政府，宣告獨立，但此種宣告，並不表示張氏或滿洲人民願與中國分離；其軍隊之入關，不能與外兵侵略相比擬，實則不過參加內戰耳。在一切戰爭及獨立時期中，滿洲仍完全為中國領土。張作霖雖不贊成國民黨主義，但深盼中國之歸於統一。其對於日俄兩國利益範圍之政策，證明若彼能將兩國在該處之勢力加以肅清，彼必為之。對於蘇俄之利益範圍，幾乎告厥成功。並提倡建築鐵路政策，其結果即將南滿鐵路與其若干供給食料區域之聯絡切斷。自張作霖神秘被害案發生後，張學良不顧日本之勸告，與南京方面及國民黨更為密切聯絡，一九二八年十二月宣告服從中央政府，實則在滿洲之武人統治制度，依然存在，與從前無異。但在國民黨勢力之下，黨義宣傳及抗日活動更為緊張。

一九三一年九月前，關於東三省濫用私人，官僚腐化，及行政窳敗之普遍狀況，調查團獲得重要的申訴，但此種情形，不為東三省所獨有，在中國其他各部，亦

有同樣狀況或且過之，雖有上述行政上弊病，但在中國
亦有數處地方，努力改良行政，其成績頗有可觀，在教
育、市政及公用事業方面，尤多進步，其更可特別留意
者，在張作霖及張學良統治時代，關於滿洲中國人民
及利益，其經濟富源之發展及組織，較從前確有顯著
之進步。

　　本章復敘述自訂立建築中東鐵路合同及一八九六
年同盟協約後，所有俄國及滿洲經過情形之各階段。
一八九八年，租借遼東半島於俄國；一九〇〇年俄國佔
據滿洲；日俄戰爭及樸資茅斯條約；一九一七年俄國革
命，及一九一八年至一九二〇年協約各國對俄干涉在滿
洲之影響；一九二四年之中蘇協定；張作霖對於蘇俄利
益採取侵略政策後之事變；一九二九年蘇俄武力侵入滿
洲北部，及使中俄恢復原狀之一九二九年十二月伯力議
定書，均一一敘述。最後一九〇五年後，日俄關於滿洲
問題之關係，亦加以說明。

　　自樸資茅斯條約至俄國革命時期，日俄在滿洲之
協調政策，因俄國革命及協約出兵西伯利亞而終止，
加以蘇維埃政府態度，對於中國民族希望與以猛烈的
興奮。日本或認蘇維埃政府將擁護中國恢復主權之奮
鬥，此種進展，使日本對於俄國舊有之憂慮，又復發
生。北滿邊境外進入危險之可能，常使日本不能忘
懷，北方共產學說及南方國民黨反日宣傳或相聯絡，
益使日本渴望在兩者之間，介以一與兩者不生關係之
滿洲。近年來蘇俄在外蒙古勢力之擴張，及中國共產
黨之發展，均使日本憂慮，日益加增云。

第三章　一九三一年九月十八日以前中日關於滿洲之爭執

本章敘述一九三一年九月十八日以前中、日間關於滿洲之主要爭執。近二十五年來滿洲與其餘中國部分，關鍵益密，而同時日本在滿洲之利益亦逐漸增加，滿洲之為中國之一部，本無待證明，惟在此部份之內，日本得有非常權利，且是項權利，限制中國主權之行使，至一定程度時，使中日兩國不得不發生衝突，是項權利根據於繼樸資茅斯條約而訂立之一九〇五年，中日會議東三省事宜條約、一九一五年之條約，即所謂二十一條者，以及各種鐵路合同，試檢閱是項權利之細目，即知在滿洲境內中日間政治、經濟、法律關係之非常性質矣。如斯情勢，世界各國無可比擬，一個國家在鄰國領土內，竟能享受範圍如此廣大之經濟及行政權利，可謂絕無而僅有矣。此種情勢祇有在兩種條件之下，或者可以維持而不至於引起不斷之紛爭，其條件惟何？其一，即出於雙方自由志願並同意承受。其一，即出於雙方在經濟、政治事項上，曾經詳細考慮之合作政策，非然者，其結果決不能免於衝突也。

本章並敘述從一九三一年九月以前，數年來中日兩國政府之態度，及政策上表現之中日在滿洲根本利益之衝突。中國認滿洲為糧食策源地及國防第一線，而日本之態度則異是，日本要求在滿洲享有特殊權利，過去歷史及情緒之聯想、戰略之成見、經濟利益、愛國觀念、國防心理與夫條約上特殊之權利，凡此種種，皆造成日本要求滿洲特殊地位之原因也。是項要求與中國主權衝

突，並與國民政府減少外人現有之特殊權益，及抑止是
項權益將來擴充之企圖，亦不能相容，而日本所持享有
特殊利益之要求，在日本有解釋，謂為維持滿洲之和平
秩序起見，遇必要時，日本有干涉之權者。

是項雙方態度及政策之根本衝突，遂引起兩國當局
關於有效或認為有效之各項複雜條約之解釋，及適用上
之種種具體爭執。是項爭執中之較重要者，在本章內曾
經分析列舉。如關於一九〇五年中日會議東三省事宜條
約之爭執，並行線問題，關於各種鐵路合同之爭執，關
於一九一五年條約之爭執，如日本人民在滿洲居住及商
租土地權、南滿鐵道地帶內之行政權、領館警察行使
某種權力、朝鮮人民之地位等皆是也。至一九三一年
而中日兩國間關係，益呈緊張，萬寶山案、朝鮮暴動
排斥華僑案、中村大尉被殺問題等，於是聯翩發生，
非偶然也。

一九三一年八月杪，中日間關於滿洲之關係，因種
種糾紛與不幸事件，而緊張至於極度。雙方抗爭，各有
是處，亦曾用外交常用之方式，企圖解決種種問題，但
因長時間遷延不決之故，日本方面竟不復再能忍耐，尤
以日本軍界為甚，當時曾要求中村案立刻解決，軍人團
體如帝國在鄉軍人會，鼓動日本輿情，尤為有力，於是
解決一切中日懸案，必要時用武力解決等口號，遂囂騰
於日本民眾之口矣。

第四章　一九三一年九月十八日以後滿洲事變之序述

本章敘述此種日益增長之緊張情形，如何達到九月

十八夜之爆發，關於九月十八夜之事變，中日兩方持論不同，互相牴觸。調查團儘量接見在事變發生時，及在事變發生不久以後，旅居瀋陽各外籍代表，包括報館訪員，其結果乃得下列之結論。

關於九月十八日瀋陽事變之結論：「中日雙方軍隊感情之緊張，無待疑義。」（此節述報告書原文），「依據調查團所得種種確切之說明，則可知日方係抱有一種精密預備之計畫，以因應該國與中國方面萬一發生之敵對行為。」

「一九三一年九月十八夜，該項計畫曾以敏捷準確之方法實行之。中國方面，依照其所奉訓令，並無進擊日軍，亦並無在特定時間及地點，危害日僑生命財產之計畫，對於日本軍隊，並未作一致進行或曾經許可之攻擊。日方之進攻，及其事後之軍事行為，實出中國方面意料之外。」

「九月十八日下午十時至十時三十分之間，在鐵路上或鐵路附近，確曾有炸裂物爆發之事，惟鐵路即使受有損害，但事實上並未阻礙長春南下列車準時之到達，且即就鐵路損害之本身而論，實亦不足以證明軍事行動之正當。」

「是晚日方之軍事行動，不能視為合法自衛之辦法」，「惟當地官佐，或以為彼等之行為，係出於自衛，調查團於說明上開各節時，並不將此項假定，予以擯斥。」

後來之軍事行動：本章繼述日本軍隊在滿洲之配置，及其在九月十八夜及以後之行動。凡關九月十八日

至十九日長春之佔領，九月二十一日吉林之佔領，十月八日錦州之轟炸，及起自十月中，終於十一月十九日日軍佔領齊齊哈爾之嫩江橋戰事，均有詳細之溯述，其時天津又於十一月八日及二十六日發生事變。關於該項事變之陳述，頗有參差，且不明瞭。本報告書中，則解釋此項事變，對於東省情況之影響，並述久寓天津日租界之廢帝，潛赴旅順，又敘明一九三二年一月三日錦州被佔之經過。

本章復繼續追述日軍在北滿之軍事動作，包含今年二月五日哈爾濱之被佔，直敘至本年八月底之軍事動作為止。其中曾詳敘在東省各地之混戰，此項戰地，大率仍為中國正式軍隊及非正式軍所佔有，由日軍及偽組織軍隊與之對峙。調查團對於此項戰事，認為無法敘述其確切之狀況，良以中國當局關於是項仍在東省與日軍對峙之軍隊，當然不願露洩確切之情報，而在日本方面，則對於此等仍與日軍為敵之軍隊之數目與戰鬥力，則又喜故意為之貶損也。

一九三二年九月初間之軍事狀況：調查團並表示在最近之將來，滿洲之一般狀況，能否預期其變更，殊覺不能遽斷。在報告書脫稿之際，戰事尚在繼續，且蔓延甚廣。至關遼、熱邊境之軍事動作，該報告書以為該地戰區之推廣，實為難於逆料之事，不可不計慮者也。

第五章　上海

　　本章敘述自二月二十日起，迄日本軍隊最後撤退時止之上海戰事，國聯所派領團委員會亦於此結束其報告。調查團謂該團於三月十四日抵上海實一機會，蓋以職務言，雖可無庸繼續領團委員會之工作，亦不必對此地方事件作特別之審查，但既已抵滬，對於和緩空氣之造成，或亦不無裨益，調查團分析中日雙方最後簽訂之協定後，曾表示意見：謂上海事件對於滿洲形勢，確發生重大影響，因中日戰事深入全國人心，結果使中國抵抗之心愈堅，同時在滿洲地方自接上海消息後，頓使現在散處各地之抗日軍隊，精神為之一振。

　　本章末段敘述一九三二年二月一日之下關日艦開炮事件，此案中日雙方報告大相逕庭。

第六章　滿洲國

　　本章敘述「滿洲國」，分為三部。第一部，「新國」成立之過程，首述日本佔領瀋陽後所發生之混亂情形，次述瀋陽及各省秩序及行政之逐漸恢復，又次述「新國」之成立，廢帝溥儀之被命為臨時執政，三月九日在長春就職之典禮，及「滿洲國」組織下之一切法令，此段以下列文字作結束：

　　「自一九三一年九月十八日以後，日本軍事當局之行動，在軍事、民事上均以政治作用為目標，逐步以武力佔領東三省，由中國治權之下，遞次奪去齊齊哈爾、錦州、哈爾濱，最後並及於所有滿洲境內之重要城市；並在每次佔領之後，即將該處行政機關改組。由此可知

在一九三一年九月以前，滿洲毫未聞有獨立運動，其所以有此運動者，乃日本軍隊在場所致也。」

「一群日本文武官吏，現任與退職者，均有圖謀組織並實施此項運動，以為解決九月十八日以後滿洲局面之辦法。」

「以此為目的，該員等利用某某等華人之名義及行動，又利用不滿以前政府之少數居民。」

「由此亦可知日本參謀部最初或不久已知可以利用此項獨立運動，因此該部對於獨立運動之組織者，予以援助及指揮。」

「以各方面所得之一切證據而論，本調查團認為『滿洲國』之構成，雖有若干助成份子，但其最有力之兩種份子，厥為日本軍隊之在場及日本文武官吏之活動，蓋以本調查團之判斷，若無此二者，則『新國』決不能成立也。」

「基此理由，現在之政權，不能認為由真正及自然之獨立運動所產生。」

本章第二部述現在之「滿洲國」政府由基本法及行政立場上，詳察其組織，並及於財政、教育、司法、警察、陸軍、金融情況等。又述如何接收鹽政、海關及郵政之情形，最終乃列入調查團對於本案之評判。在此段中，調查團宣稱「滿洲國」政府之計畫，列有若干開明之改革，其實行不僅利於滿洲，即中國之其餘部分，亦屬相宜，而在事實上，此種改革已多見於中國政府計畫之中。然調查團意見，以為「滿洲國」實施此種改革計畫之時期雖短，及對於其已施步驟雖已予以相當注意，

然仍認為並無象徵足以證明該「政府」在事實上能實施
甚多改革。例如業經頒布之預算及錢幣改良計畫，其實
施之前途似有嚴重之阻礙，在一九三二年之不安定及擾
亂情形之下，徹底的改革計畫，安定情況，及經濟繁
榮，決難實現。

　　至於該「政府」其各部名義上之領袖，雖係住居滿
洲之中國人，但其重要之政治行政權，則仍操諸日本官
吏及日人顧問之手，該「政府」之政治的及行政的組
織，不僅予此項官吏及顧問以供獻技術上意見之權，抑
且予以實行管理及指揮行政之機會，此輩固不受東京政
府之訓令，其政策亦非與日本政府或關東軍司令部之政
策常相符合，但遇重要問題時，該官吏與顧問於新組織
成立之初期，稍有自主行動之能力者，已漸受脅迫遵照
日本當局意旨行事。此當局者因其軍隊佔領滿洲土地，
而「滿洲國政府」又依賴該軍隊維持其對內對外權威，
同時「滿洲國」管轄下之鐵路，又委託南滿鐵路株式會
社代行管理，最後又以有日本領事駐在各重要城市，以
通聲氣，以故無論遇何事機，彼日本當局者均有運用其
絕大力量之方法。「滿洲國政府」與日本當局間之聯
絡，新近因派遣專使，更覺密切，此專使雖未正式授
權，但已駐在滿洲都城，以關東租借地總督之名義，管
轄南滿鐵路株式會社，同時兼行外交代表、領事及駐軍
總司令之職權。「滿洲國」與日本之關係，前此頗不易
解說，但據調查團所得之最近消息，日本政府有不久即
將此項關係加以確定之意向。今年八月二十七日，日本
代表曾致函調查團，謂武藤專使已於八月二十日離東京

赴滿洲，抵滿後，即與「滿洲國」開始談判締結日本與
滿洲間之基本友誼條約，日本政府認此項條約之締結，
為對「滿洲國」之正式承認。

本章第三部分，論及滿洲居民對於「新國家」之態
度。調查團首說明在當時情況之下，搜集此項證據頗多
困難，良以因防範實在或想像的危險而加諸調查團之特
殊保護，頗足使一般證人望風卻走。諸多華人，甚至
有不敢與調查團團員一面者，以故與各界接談，殊匪易
易，非秘密約會不可，然調查團仍排除萬難，除與各官
長公開談話外，仍得達到與商人、銀行家、教員、醫
師、警察、職工等私人談話之目的。

調查團並曾接到書信一千五百餘件，其中有親手交
來者，但大多數係由郵局展轉遞到，如此得來之消息，
均於可能範圍內，向中立方面加以復證。調查團之解
釋，其所接觸之各群民眾之心理狀態，最後下一結論，
謂少數團體間或有擁護「滿洲國」者，但一般華人均異
其趣，此所謂「滿洲國政府」者，在當地華人心目中直
是日人之工具而已。

第七章　日人之經濟利益與華人之經濟絕交

本章對於中日間之鬥爭，認為不僅屬於軍事性質，
抑且屬於經濟性質，中國以抵制貨物船舶暨銀行等事，
為反抗日本之武器，其目的在與日方完全斷絕經濟及財
政之關係。

調查團於既經指出日本以發展工業，及輸出製成物
品為解決日本人口問題主要方法之一，並經調查日本之

在華經濟與財政利益後，即進行研究經濟絕交之運動。
調查團以為華人所用之經濟絕交，係導源於一世紀以
來之習慣，其因此所得之訓練及心理態度，與國民黨
所代表之現代民族主義相混合，遂以構成今日經濟絕
交之運動，其影響中日關係，自物質與心理兩方面觀
察，俱甚重大。

結論

調查團已得有結論，以為華人之經濟絕交，既屬普
遍，且有組織，發端於強烈之民族情緒，而強烈之民族
情緒又從而鼓舞之。然此項經濟絕交，有團體主使之，
指揮之，該項團體能發之，亦能收之，且有威嚇之方
法以實行之。在組織方面，雖包括多數個別團體在內，
而重要支配之機關，厥為國民黨。至關於經濟絕交之方
法，調查團聲明非法舉動當所不免，但於此對於直接反
對日本僑民之舉動，與意在損害日人利益，因而反對違
背經濟絕交章程之中國人民舉動，二者要應分別觀察。
第一種之情事，與往昔之經濟絕交相比，現已較為少
見；而第二種之情事，則層見疊出。調查團之意見，以
為中國政府因未曾充分制止此種舉動，且對於經濟絕交
運動，並曾予以某種直接援助之故，應負責任。調查團
並未提議謂政府機關援助經濟絕交之運動，係屬不正當
之事，但僅願表而出之者，即官方之鼓勵不無含有政府
之責任耳。

中國政府宣稱，經濟絕交，係抵禦強國武力侵略之
合法武器，尤以在仲裁方法未經事先利用之事件中為
然。此說就調查團之意見，引起一性質更廣之問題。中

國人民在不以越出國家法律範圍之條件下，其個人拒絕購買日貨，或以個人行動或團體行動宣傳此項意見之權，無人可予否認，然而單獨對於某一國家之貿易，實行有組織之抵制，是否合於睦誼，抑或與條約義務不相牴觸，乃係一國際法之問題，而不在調查團調查範圍之內，為舉世各國之利益計，調查團希望此項問題，應及早加以討論，並以國際協約加以規定。

　　本章結論稱，以中日貿易之互相依賴，及雙方之利益而言，經濟接近實有必要，但兩國間政治關係，一日不圓滿，以至於一方採取武力，一方則採取經濟抵制力量，以相扼持，則一日無接近之可能。

第八章　在滿洲之經濟利益

　　本章簡單討論在滿洲之經濟利益，注重中日兩國關於此項利益之詳細研究，另有特別說帖附於報告書之後，該項說帖，涉及種種問題，如投資日本與滿洲之經濟關係、中國與該區之經濟關係、日本移民滿洲之機會、中國移民於滿洲之影響、鐵路與貨幣問題等等。調查團於本章中表示，深信中日兩國在滿洲之經濟利益，就其本身離開近年來政治事件而言，應入於互諒合作之途，不應發生衝突，欲求滿洲現在富源，以及將來經濟能力之充分發表，雙方修好，實為必要。

　　調查團並聲明，門戶開放之原則，不獨就法律觀點言，即就實際觀點言，要均必須維持，此項原則之維持，乃日本、滿洲及中國其他各部之福也。

第九章　解決之原則及條件

前章之復述，中日問題之本身，用公斷方式，非無解決之可能，然因各該國政府處理此問題，尤以滿洲問題為甚，使兩國關係益臻惡化，遂致衝突，遲早不能避免，業於本報告書之前數章述明。中國乃一由政治上之糾紛、社會上之紊亂、與夫因過渡時代所不可避免之分裂趨勢而進展之國家，亦經大概敘及。日本所主張之權利與利益，如何因中國中央政府權力薄弱，致受重大之影響，及日本如何急欲使滿洲與中國政府分離，亦經闡明。試稍一研究中、俄、日三國政府在滿洲之政策，即可知以前東三省地方政府，雖對中國中央政府宣布獨立非僅一次，特其人民悉為中國人，固未嘗有與中國脫離之意。

最後，吾人曾悉心詳查自一九三一年九一八以來之真確事件，並曾發表吾人對此之意見。問題之複雜，現在吾人可對於過去之感想作一結束，而集中注意點於將來，凡閱過前章者，必明瞭現在衝突中之問題，並不如尋常所擬議者之簡單，實則此項問題異常複雜，而惟深悉一切事實及其歷史背景者，始足以表示一正確之意見，良以此案，既非此國對於彼國不先利用國際聯合會盟約所定和平處理之機會，而遽行宣戰之事件，亦非此一鄰國以武力侵犯彼一鄰國邊界之簡單案件，實因滿洲具有許多特點，非世界其他各地所可確切比擬者也。此項爭議係發生於國際聯合會兩會員國間，涉及領土之遼闊與法、德兩國相埒，雙方均認有權利與利益於其間，而其權益中為國際公法所明白規定者，僅有數端耳，又

該領土在法律上雖為中國不可分之一部，其地方政府實
具有充分自治性性質，得與日本直接談判事件，而此類
事件乃此次衝突之根源也。

　　滿洲情況非他地所可比擬：日本管有一條鐵路，及
由海口直達滿洲中心之一段土地，約有一萬兵士保護該
地，日本並主張依照條約於必要時有增兵至一萬五千之
權，對於在滿洲之日僑，亦行使其本國裁判權，領事、
警察之設置，遍於東三省。

　　解釋之不同：上述各節為辯論此問題者所必須考
慮，其事實為未經宣戰，現有一大部分地面向為中國領
土，顯無疑議者，竟為日本武力強奪佔領，且因此種行
為使其與中國分離，並宣布獨立焉。此案經過所採之步
驟，日本謂為合於國際聯合會盟約非戰公約，及華盛頓
九國條約之義務，而實則各該約之意義正在防止此種行
為，且此種行為開始於提出報告於國際聯合會之初，而
完成於嗣後之數月，乃日本政府以為此種行為與其代
表，在日內瓦九月三十日及十二月十日所提出之保證相
符合。為此項行動作辯護者，謂一切軍事行動為合法之
自衛運動，該項自衛權利，在上述各項國際條約中既均
有包含，即國聯行政院亦未有任何決議加以取消。至於
替代中國在東三省之行政組織之新組織，則謂係當地人
民之行動，自願獨立，而與中國分離，另組政府，此種
真正之獨立運動，自不為任何國際條約或任何國聯行政
院之決議所禁止，且是項事實之發生，已將九國條約之
引用，予以重大之改易，並將國聯正在調查事件之性
質，完全變更，此種辯護論調，實使該項衝突頓形複雜

與嚴重，本調查團之任務，並不在就該案作辯論，但欲設法供給充分之材料，使國聯能得一適合於爭議國雙方之榮譽、尊嚴暨國家利益之解決辦法，僅恃褒貶，不足以達此目的，必須從事於調解之切實努力。吾等曾力求滿洲事件過去之真相而坦白說明之，並承認此僅為一部分之工作，且非最要部分，我等在調查期間，曾迭告雙方政府，願以國聯之力，助兩國調解爭端，且決定向國聯建議，以適合於公道與和平之辦法，保持中日兩國在滿洲之永久利益，不能認為滿意之解決辦法。

（1）恢復舊狀

由上述各節觀之，可以明瞭，如僅恢復舊狀，並非解決辦法，因此次衝突原係發生於在去年九月前所存在之各種情形之下，故今日如將各該情形恢復原狀，亦徒使糾紛重見，是僅就該案全部之理論方面著想，而未顧及其局勢之真相者也。

（2）維持「滿洲國」

從前述兩章觀之，維持及承認滿洲之現在政體，亦屬同樣不適當，因我等認為此種解決辦法與國際義務之主要原則不合，並與遠東和平所繫之兩國好感有礙，且違反中國之利益，不顧滿洲人民之願望，兼之此種辦法，日後是否可以維護日本永久之利益，亦尚屬疑問。滿洲人民對於現時政體之情感如何，可無疑義，中國亦決不願接受以東三省與本國完全分離之辦法，作為一種最後之解決，即以遠處邊陲之外蒙古與滿洲相比擬，亦欠切當；因外蒙古與中國並無經濟上與社會上之密切關係，且人口稀少，大部分均非漢人；而滿洲之情形，則

與外蒙古大異。現今在彼方耕種之數百萬漢人，竟使滿洲成為關內中國之天然延長，且從種族文化及國民性情各方面言之，東三省之中國化程度，直使其與其鄰省河北、山東無異，因其大部分之移民，均來自該兩省也。

且就已往之經驗，可以證明從前在滿洲當局，曾對於中國其他各部（至少華北）之事務有重大之影響，且佔有毫不容疑之軍事上與政治上之便利。無論在法律上或事實上，將該省等自中國他部割離，日後恐將造成一嚴重難解之問題，使中國常存敵意，並或將引起繼續抗制日貨之運動。本調查團曾接到日本政府關於該國在滿洲重大利益之明晰而有價值之聲明書，關於日本對於滿洲經濟上依賴，前章已經論及，本調查團不必再為之鋪張。本調查團亦不主張日本因經濟關係，而得享有經濟，甚至政治管理權，但吾人仍承認滿洲在日本經濟發展上之重要性。日本為該國經濟發展之必要，要求建設一能維持秩序之鞏固政府，吾人亦不以為無理。但此種情況惟有一合於當地民意，而完全順乎彼等之情感及志願之管理機關，始能切實擔保，吾人更信惟有在一種外有信仰、內有和平，而與遠東現有情形完全不同之空氣中，為滿洲經濟迅速發展所必要之投資，始可源源而來。

現雖有人口過剩增加之苦，日本似尚未充分使用其現有之便利，以從事於移民，日本政府迄今尚無大規模移民滿洲之計劃，但日本確欲利用再進一步之實業計劃，以謀農業危機及人口問題之解決。此種實業計劃，需要更大經濟出路，而此種廣大而比較可靠之市場，日

本僅能在亞洲，尤其在中國始能獲得，日本不僅需要滿洲市場，即全中國市場亦在需要之列，而中國之鞏固與近代化，自能使生活程度抬高，因而使貿易興奮，並增加中國市場之購買力。

中日間此種經濟之接近，固與日本有重大之利益，與中國亦有同等之利益，蓋中國藉此經濟上及技術上與日本合作，可獲得建設國家主要工作上之助力，中國若能抑制其國家主義難堪之趨勢，並俟友好關係恢復後，切實擔保有組織之抵貨運動，不再發生，則於此項經濟接近，大有裨助；在日本一方面，若不用使中國友誼及合作成為不可能之方法，以圖謀使滿洲問題脫離中日全部問題，而單獨解決，則此項經濟接近，亦當易於實現。

使日本決定其在滿洲之動作及政策者，經濟原因或較次於其切身安全之顧慮，尤其日本文武官員，常謂滿洲為日本之生命線，常人對於此種顧慮可表同情，並欲諒解，其人因欲預防萬一，而不惜冒重大責任之行動與動機，但日本欲謀阻止滿洲被利用為攻擊日本之根據地，並欲於滿洲邊境被外國軍隊衝過之某種情形下，日本得為適當之軍事佈置，吾人對此種種，固可承認，然吾人仍不無懷疑者，無期限之軍事佔據滿洲，致負財政上之重責，是否為抵制外患之最有效方法耶？設遇外患侵襲之時，日本軍隊受時懷反側之民眾包圍，其後有包含敵意之中國，試問日本軍隊能不受重大之困難否耶？為日本利益計，對於安全問題，亦可考量其他可能的解決方法，使更能符合現時國際和平機關之基本原則，並

與世界其他列強間所締結之協定相類似，日本甚或可因世界之同情與善意，不須代價而獲得安全保障，較現時以鉅大代價換得者為更佳。

　　國際利益：中日兩國以外，世界其餘列強對中日爭議，均有重大利益，亟應維持。例如現行各種多方面條約，前已提及。又此問題之真正及最後之解決，必須適合世界和平機關所依據之根本條約。再華府會議各國代表所提出之主張，現仍有效。列強現時所持之權利主張與一九二二年時同，即仍以扶助中國建設，維持中國領土主權完整，為保持和平之必要條件。各種分解中國之行為，必定立即引起國際間之競爭，此種國際競爭，如與相異的社會制度間之衝突，同時發生，則將更形激烈。要之，對於和平之要求，在世界各地皆然，倘國聯規約及非戰公約原則之實施在某地失其信仰，即在世界任何處所皆減少其價值及功能。

　　蘇聯之利益：調查團對於蘇聯在滿洲之利益範圍，未能獲得直接之報告，而蘇聯政府對於滿洲問題之意見，亦未能臆斷。但雖無直接報告，而蘇聯在滿洲之舉動及在中東路暨中國國境外北部及東北部領土上之重要利益，均不容忽視。故解決滿洲問題時，倘忽略蘇聯之重大利益，則此項解決必不能持久，且將引起將來和平之決裂，事極顯然。

結論

　　倘中日兩國政府，均能承認彼此主要權利之性質，並願在彼此間維持和平，樹立睦誼，則上述各節，足以指示問題之解決途徑。至恢復一九三一年九月以前狀態

之不可能，前已述及之矣。一種滿意合式之制度，必須就現有制度改進，不能採極端變動，我人將在次章提出若干種建議，以貫澈斯旨。茲先規定適當解決所採之原則於下：

適當解決之條件

（一）適合中日雙方之利益：雙方均為國聯會員國，均有要求國聯同樣考慮之權利，如某種解決雙方均不能取得利益，對於和平前途毫無善果。

（二）考慮蘇聯利益：倘僅促進相鄰二國間之和平，而忽略第三國之利益，則匪特不公，亦且不智，更非和平之所要求。

（三）遵守現行多方面之條約：某種解決必須遵守國聯盟約、非戰公約及華盛頓九國條約之規定。

（四）承認日本在滿洲之利益：日本在滿洲之權利及利益乃不容漠視之事實，倘某種解決不承認此點，或忽略日本與該地歷史上之關係，亦不能認為適當之解決。

（五）樹立中日間之新條約關係：中、日二國如欲防止其未來衝突，及回復其相互信賴與合作，必須另訂新約，將中、日兩國之權利利益與責任，重加聲敘。此項條約應為雙方所同意之解決糾紛辦法之一部份。

（六）解決將來糾紛之有效辦法：為補充上開辦法，以圖便利迅速解決隨時發生之輕微糾紛起見，有特訂辦法之必要。

（七）滿洲自治：滿洲政府之解組，應於無背於中國主權及領土完整之範圍內，使其享有自治權，以求適

合於該三省之地方情形與特性。新民政機關之組織與行
為，務須具備良好政府之要件。

（八）內部須有秩序並須安全，以禦外侮，滿洲之
內部秩序，應以有效的地方憲警維持之，至為實現其足
禦外侮之安全起見，則須將憲警以外之軍隊，掃數撤
退，並須與關係各國訂立互不侵犯條約。

（九）掖勵中日間經濟協調之成立：為達到此目
的，中日二國宜訂新通商條約。此項條約之目的，須為
將兩國間之商業關係，置於公平基礎之上，並使其與兩
國間業經改善之政治關係相適合。

（十）以國際合作促進中國之建設：中國政局之不
穩定，既為中日友好之障礙，及為其他各國所關懷，遠
東和平之維持，既為有關國際之事件，而上述辦法，又
非待中國具有強有力之中央政府時，不能實現，故其適
當辦法之最終要件，厥惟依據孫中山博士之建議，以暫
時的國際合作，促進中國之內部建設。

上述辦法實行後，結果之預測，現在情勢之改變，
如能包括上述意見，及滿足上述條件，則中日二國當可
將其困難解決，而兩國間之密切諒解，及政治合作之新
時代，或將由此開始。如二國間不能成立協調，則無論
具有何種條件之解決辦法，必將毫無效果可言，即在險
象橫生之今日，而上項新關係之能否出現，仍難預期，
是則吾人之所不容諱言者。少年日本現正力主對中國採
取強硬政策，及在滿洲採取澈底政策。凡為此項主張之
人，靡不對於九一八以前之延宕政策，以及搔不著癢處
之手段，表示厭倦。

　　彼輩現甚急燥及缺乏耐心，以求其目的之達到。現在日本一切適當方法，亦尚在尋求中，經與主張積極政策最力之輩（就中尤曾於一般具有確定不移之理想，及對之終身拳拳服膺，甚而至於身任樹立「滿洲國」之奇巧工作之先鋒，而亦不恤者，加以注意。）接近之後，本團遂不得不承認，此問題之核心，自日人方面言之，純為日人對於新中國之政治發展及此種發展之未來趨勢表示焦慮，此種焦慮，已使日人採取種種以統制上項發展，與左右上項趨勢為目的之行動，俾日人之利益，得以安全；及其帝國國防戰略上之需要，得以滿足。但日本輿論已有一空洞的覺悟，深知日本對滿洲及對滿洲以外之中國，絕無採取兩個分離的政策之可能，是故縱以滿洲之利益為主眼，日人亦或可對於中國民族精神之復興，表示同情的歡迎，亦或可視之為友，引導其進程而畀之以幫助，但使日人此舉足使中國不另乞外援，則日人已樂出此也。

　　中國有識之士，既已承認建設與近代化為該國之根本問題，亦即該國之真正國家問題，則彼等不能不確認此種業已開始，且有如許成功希望之建設及近代化政策之完成，實有賴於一切國家培植友好之關係，而與彼在咫尺之大國維持良好之關係，尤屬重要。在政治上及經濟上，中國均需要列強之合作，而日本政府之友善態度，及在滿洲方面之經濟合作，尤為可貴。中國政府應將基於新喚醒之民族主義之一切要求（即使正當而且急切），置於此種國家內部建設之最高需要之下。

第十章　審查意見及對於行政院之建議

　　向中日兩國政府直接提出解決現時爭議之建議，非本調查團之職責。但為便利兩國間目前爭議原因之最後解決，引用白里安向行政院說明組織本調查團之決議時所用之言，本調查團特於此將研究結果，建議於國際聯合會，以為聯合會適當機關起草提交爭議國之確定方案時之幫助。此項建議之用意，在表明前章所設條件足以適用之一端耳。建議性質僅涉及廣泛之原則，至於細目則留待補充。如爭議國願意接受基於此種原則之解決方法時，儘有修正之餘地。假令日本在日內瓦方面，尚未考慮本報告以前，已經正式承認滿洲國，此為不容忽視之可能的事實，吾等工作決不因此而喪失其價值。吾等深信本報告書所載，建議對於行政院將未為滿足中日兩方在滿洲之重大利益而為之決定，或向兩國所為之建議將有所裨助。

　　吾等以此為目的，故一方面顧及國聯原則，及關於中國一切條件之精神及文字，以及和平之普遍利益，而在另一方面，仍不忽視現存之實況，及正在演化中之東三省行政機關，為世界和平之最高利益計，無論將來將發生若何之事態，行政院之職責，終將為決定如何始能使本報告中之建議推行，並適用於現在發展中之一切事件，以期利用現在正在滿洲醞釀之一切正當勢力，或為理想或人力，或為思想或行動，藉謀獲得中日間長久之諒解，請當事雙方討論解決辦法，首先建議國聯行政院，應請中國政府暨日本政府，依照前章所示之綱領，討論兩國糾紛之解決。

顧問會議，此項邀請如經接受，第二步即應及早召集一顧問會議討論並提出詳密之建議，設立一種特殊制度以治理東三省。

此項會議，可由中日兩國政府之代表，暨代表當地人民之代表團兩組組成之，該兩代表團，一由中國政府規定之方法選出之，一由日本政府規定之方法選出之，如經當事雙方同意，亦可得中立觀察員之協助。

如該會議有任何特殊之點，不克互相同意時，該會議可將此意見參差之點，提出於行政院，行政院對此當設法覓得一同意之解決辦法。

同時於顧問會議開會期中，所有中日間關於各該國權利與利益所爭論之事件，應另行討論，倘經當事雙方同意亦可得中立觀察人員之協助。

吾等末後提議此項討論與談判之結果，應包括於下列四種文件之中：

一、中國政府宣言，依照顧問會議所提辦法，組織一種特殊制度治理東三省。

二、關於日本利益之中日條約。

三、中日和解公斷不侵犯其互助條約。

四、中日商約。

在顧問會議集會之前，應由當事雙方以行政院之協助，對於該會議應行考量之行政制度之方式，先行協定其大綱。此際所應考量之事件如下：

顧問會議之集合地點、代表之性質，是否願有中立觀察人員；維持中國領土行政完整之原則，及准許東省有高度之自治；以一種特殊憲兵為維持內部治安唯一辦

法之政策；以所擬各種條約，解決所爭各項事件之原則；對於所有曾經參加東省，最近政治運動之人員准予特赦。

此種原則大綱，既經事先同意，關於其詳細辦法，得以最充分可能之審擇權，留諸參加顧問會議或磋商條約之代表，至再行訴諸國聯行政院之舉，僅得於不能同意時行之。

此項程序之優點。此項程序之各種優點中，可稱道者，在於此項程序既與中國主權不相違及，仍可採取實際有效之辦法，以適應滿洲今日之局勢，同時為今後因應中國內部現狀之變遷，留有餘地。例如，在滿洲最近所已提議，或已實際施行之某種行政與財政之變更，本報告書中所已注意者，如省政府之改組，中央銀行之設立，以及外國顧問之雇用等等。此類特點，顧問會議或可因其利便而予以保留。又如依照吾等所提議，而選出滿洲居民代表出席顧問委員會之方法，亦可為現政體與新政體遞嬗之協助。

此項為滿洲而設立之自治制度，擬僅施行於遼寧（奉天）、吉林、黑龍江三省。日本現時在熱河省（東內蒙古）所享有之權利，當於關係日方利益之條約中加以說明。

茲將四項文件依次討論如下：

宣言

顧問會議之最後提議，當送交中國政府，由中國政府以該項提議列入宣言之內，轉送國際聯合會及九國條約之簽字各國。國聯會員國及九國條約之簽字國，對於

此項宣言當表示知悉，而是項宣言將被認為對於中國政府有國際協定之約束性質。

此項宣言嗣後倘須修改，其條件當依照上述之程序，彼此同意於宣言本身中，預為規定。

此項宣言對於中國中央政府在東三省之權，該地方自治政府之權限加以劃分。

保留於中央政府之權限，茲提議保留於中央政府之權限如下：

一、除特別規定外，有管理一般的條約及外交關係之權，但應了解，中央政府不得締結與宣言條款相違反之國際協定。

二、有管轄海關郵政鹽務所之權，或於可能範圍內有管轄印花稅及煙酒稅行政之權，關於此類稅款之純收入，中央政府與東三省政府間如何公平分配，當由顧問會議決定之。

三、有依照宣言所規定之程序，任命東三省政府行政長官之權，至少初步應當如此，至出缺時，或以同樣方法補充，或以東三省某種選舉制度行之，當由顧問會議合意議定，並列入宣言之內。

四、對於東三省行政長官，為頒發某種必要訓令，以保證履行中國中央政府所締結，關於東三省自治政府管轄下各事項之國際協定之權。

五、顧問會議所合意議定之其他權限，地方政府之權限，凡一切其他權限，均屬於東三省自治政府，地方民意之表示，應計劃某種切實可行之制度，以期獲得人民對於政府政策所表示之意見，或即襲用自

昔相沿，各機關如商公所及其他各市民機關亦可。

少數民族：應訂立某種規定，以保護白俄及其他少數民族之利益。

憲兵：茲提議由外國教練官之協助，組織特別憲兵，為東三省境內之唯一武裝實力，該項憲兵之組織或於一預定時期內完成之，或在宣言內預定程序，規定其完成時期。該項特別隊伍，既為東三省境內唯一武裝實力，故一俟組織完成，其他一切武裝實力，即應退出東三省境內，所謂其他一切武裝實力，包括中國方面獲日本方面之一切特別警隊或鐵路守備隊。

外國顧問：自治政府行政長官得指派相當數額之外國顧問，其中日本人民應佔一重要之比例，至細目應依上述程序訂定，並於宣言內聲明之。各小國人民有被選之權，與大國同。

行政長官得就國聯行政院所提名單中，指派國籍不同之外籍人員二名，監督（一）警察及（二）稅收機關，該二員在新政體草創及試行期內，當掌有廣泛權限。顧問權限當在宣言中規定之。

行政長官就國際清理銀行董事會提出之名單中，當指派一外國人為東三省中央銀行之總顧問。

至於僱用外籍顧問及官員一節，實與中國國民黨總理及現今國民政府之政策相符。吾等希望中國輿論，對於在東省方面外人權利與勢力之複雜，及其實際狀況不難認識，為謀和平及善良政治起見，不能不有特殊之處置，須知此間所提議之外籍顧問及官員，及在組織新制度時期內應有特別廣泛權限之顧問，純為代表一種國際

合作之方式。此項人員之選出，應在中國政府所能接受之狀態內行之，且須與中國主權不相抵觸。經指派後，此項人員，應認自身為雇用國政府之公僕，與過去時期內關稅及郵政或國聯與中國合辦之專門機關，所雇用之外籍人員相同。

關於此節，內田氏於一九三二年八月二十五日，在日本議會演說中之一段，可予注意：「我國政府自明治維新以後，雇用多數外籍人員為顧問或正式官吏，在一八七五年前後，其數目超過五百人之多。」

當有一點可注意者，即在中日合作空氣中指派較多日籍顧問，可使此項官員，貢獻其特別適合於當地情形之訓練與學識，此項過渡時代所應抱之最後目的，乃為造成一種純粹中國人之吏治，使無雇用外人之需要。

關係日方利益之中日條約

中日間擬議之三種條約商訂人，自應有完全審擇之權，但於此處略示訂約時所應議之事項，無不為無益。

提及東省方面，日方利益及熱河省日方一部分利益之條約，自必涉及日僑之某種經濟利益及鐵路問題。此項條約之目的應為：

一、東省經濟上之開發，日方得自由參加，但不得因此而取得經濟上或政治上管理該地之權。

二、日本在熱河省現在享有之權利予以維持。

三、居住及租地之權，推及於東省全境，同時對於領事裁判權之原則酌予變更。

四、鐵路使用之協定。

　　在南滿與北滿間雖並未訂有固定界線，但日本人民之居住權，向僅限於南滿及熱河，日本人民行使此項權利之態度，常使中國方面認為不能容受，因是而發生不斷之齟齬與衝突，在納稅及司法方面，日本人民及朝鮮人民俱認為享有領事裁判權之待遇，關於鮮民方面，實另有特殊規定，不過此項規定未能完善，致常為爭執之焦點，就調查團所得證明，吾等相信若不附有領事裁判權，中國願將現在有限制之居住權，推及於東省全境，因附帶領事裁判權之結果，認為可使在中國境內，造成一日本民族之國家也。

　　居住權與領事裁判權關係密切，至為明顯，而在東三省司法行政及財政行政，未達到較前此更高之程度以前，日本不欲放棄領事裁判權地位，其事亦同樣明顯。

　　於是有調和方法二種，其一，現有之居住權及其附帶之領事裁判權地位，應予以維持，其範圍應加以擴大，俾在北滿及熱河之日本人民及朝鮮人民，均得享受，但無領事裁判權，其二，在東三省及熱河省內之任何地方，日本人民應予以居住權及領事裁判權，而朝鮮人民則僅有居住權而無領事裁判權，是兩項建議各有優點，亦各有可以嚴重反對之處，果能將東北各省之行政效率增高，使領事裁判權不復需要，此則本問題最滿意之解決方法也，本調查團以是建議，地方最高法院，應延用外國顧問至少二人，其一須為日本國籍，其他法院延用顧問，亦殊為有利，法院審理涉及外國人之案件時，顧問對於個案之意見，不妨公布。本調查團以為在改組期間，財務行政方面參以外人之監督，亦殊屬相

宜，本調查團討論中國宣言時，關於此節，業已有所提議矣。

更進一步之保障，可依和解條約，設立公斷法院，以處理中國政府或日本政府以政府名義，或其人民名義而提出之任何聲訴。

此項複雜與困難問題之裁決，必須歸諸議訂條約之當事國，但現時所取之保護外國人制度，苟施於多如朝鮮人之少數民族，在朝鮮人數目繼續增加及其與中國人民密接雜處情形之下，發生刺激之機會，因而引致地方意外及外國干涉，殆為必然之事，為和平利益計，此項衝突之源，應予消弭。

日本人民之居住權利如有任何推廣，應在同樣條件之下適用於其他一切享有最惠國條款利益之國家之人民。祇須此類享有領事裁判權人民之國家，與中國訂立同樣條約。

鐵路：關於鐵路在過去期中，中國與日本之鐵路建造者及當局者缺乏合作，不知成就一廣大而互利之鐵路計劃，此在第三章中已論之矣，將來苟欲免除衝突，則在現時擬議之條約中，必須加以規定，使已往之競爭制度，歸於消滅，而代以關於各路運費及價目之共同諒解。此項問題，在本報告書之附件特別研究第一號內，另有討論。在本調查團之意，以為有兩種可能之解決，此兩種解決可擇一而行，或可視為達到最後解決之步驟。

第一種方法：範圍較為限制，係中日鐵路行政之業務協定，足以便利彼此合作者，中日兩國可根據合

作原則，協議管理在滿洲之各有鐵路制度，並設一中日鐵路聯合委員會，至少加以外國顧問一人，其行使之職務，則類若他國現行之理事會然，至於更澈底之救濟方策，莫若則將中日兩國之鐵路利益合併，如雙方能同意於此種合併辦法，即為中日兩國經濟合作之真實表記，使中日得有經濟上之合作，固為本報告書目的之一，且此種合併辦法，一方面既可保障中國之利權，一方面又可使滿洲一切鐵路，得有利用南滿鐵路專門經驗之利益，而援照近數月來應用於滿洲鐵路之制度，引伸推用，當亦可無困難，且將來更可藉此闢一種範圍較廣之國際協定新徑途，將中東鐵路包含在內，此種合併方法之較詳釋明，現雖載在附件之內，祇能視為一種舉例，其詳細計劃，惟有由雙方直接談判，始可產生耳。鐵路問題如此解決，則南滿鐵路全為純粹的營業性質，特別警察保安隊一旦完全組成，鐵路得有保障，則可使護路警撤退，而節省一種極大開支，此項辦法，如果實行，特別地產章程及特別市政制度，應即在鐵路地域範圍內，預先制定成立，俾南滿鐵路與日本國國民之既得利益得有保障。

如能遵循以上途徑議訂條約，則日本在東三省與熱河之權利，可有法律根據，其有益於日本，至少當與現有之條約協定相同，而在中國方面，亦當易予接受，如一九一五年等條約與協訂，所給予日本一切確定讓與未為此項新條約所廢棄或變更者，中國方面對之當不致再有承認之困難，至於日本所要求之一切較為次要之權利，其效力可發生爭執者，當以協定解決之。如不同

意，應照和解條約中所載之辦法解決之。

三、中日和解仲裁不侵犯及互助之條約

　　本條約之內容，因已有許多先例，及現行成案可稽，自可不必詳細敘述。照此條約應設一和解委員會，其職務專為幫助中日兩方解決兩政府間所發生之任何困難，並設一公斷庭，以具有法律經驗及明瞭遠東情形者組織之，凡中日兩國間，關於宣言或新條約之解釋，以及其他由和解條約所列舉之爭執，均應歸諸公斷庭辦理，復須依照加入約文內之不侵犯及互助各規定締約國雙方同意，滿洲應逐漸成為一無軍備區域，以此為目的，應即規訂俟憲兵隊組織完竣後，締約國之一方或第三者，對無軍備區域之任何侵犯，即認為侵略行為，其他一方如遇第三者攻擊時，則雙方有權採取認為應行之任何辦法，以防衛無軍備區域，但並不妨害國聯行政院依照盟約處理之權。

　　倘蘇聯共和國政府願意參加於此種條約之不侵犯及互助部分時，則此項相當之條款，可另行列入一種三方協定。

四、中日商約

　　商約自應以造成可以鼓勵中日兩國盡量交易貨物，而同時並可保護他國現有條約權利之情形為目的，此項條約，並應載入中國政府擔認在其權力之內，採取一切辦法，禁止並遏抑有組織之抵制日貨運動，但不妨害中國買主之個人權利。

　　評論：以上關於擬議之宣言，及各種條約目的之建議及理由，係提供國聯行政院之考慮，無論將來協

定之細目為何，最要在儘早開始談判，並應以互信之精神行之。

本調查團工作業已告竣。

滿洲素稱天府之國，沃野萬里，一年以來，疊經擾攘，當地人民，創鉅痛深，恐係前此所無。中日關係已成變相戰爭，瞻念前途，可勝憂慮。其造成此種景況之情形，本調查團於本報告書中已言之矣。

國聯應付本案，其嚴重之情勢，及解決之困難，盡人皆知。本調查團正在結束報告之際，報章適載中日兩國外交部長之宣言。披閱之餘，各有要旨一點，茲特為揭出：八月二十日羅文榦先生在南京宣稱：「中國深信將解決現在時局之合理辦法，必以不背國聯盟約、非戰公約及九國條約之文字與精神，與夫中國之主權，同時又確能鞏固遠東永久之和平者，為必要條件。」

八月三十日據報，內田伯爵在東京宣稱：「政府認為中日關係問題，較滿蒙問題更為重要。」

本調查團以為結束報告，莫妙於重述此兩項宣言所隱伏之意思。此種意思，與本調查團所搜集之證據，及本調查團對本案之研究暨其判斷，如是之確切相同，故敢信此種宣言所表示之政策，倘迅為有效之應用，當能使滿案達到圓滿之解決，不特有裨於遠東兩大國之利益，即世界人類，亦胥受其賜焉。

（完）

註：第九、第十兩章，因內容較為重要，故照全文譯出，並非摘要。

六　蔣委員長對國聯調查團報告書之意見

民國二十一年十月

在目前情勢之下，中國政府為取得國聯及一般國際輿論之同情起見，對於報告書自宜採取溫和態度，不可表示過度之反抗，但同時不能不注意下列幾項事實。

第一、調查團報告至少尚須經過兩度審議（十九國委員會之審議與國聯大會之審議），在未達最終決定前，中國政府自尚須為最大之努力以期改正。

第二、就目前形勢觀察，除非列強對日有執行經濟或武力制裁之決意，或日本國內有不利於軍閥之重大變化發生，日本決不接受調查團報告，但以上兩種情事，現時均無實現之希望，因此中國縱表示願意讓步，仍無補於中日糾紛之解決，徒為將來交涉或行動上增加拘束，且或引起國內重大攻擊。

第三、國民黨對外政策，在求民族之解放，對於東三省事件之解決，如完全不顧此種立場，則本黨信用與本黨所領導之不平等條約廢除運動，將受重大打擊。

第四、調查團報告書在前八章陳述事實時，雖屬公允，在九、十兩章建議解決方案時，則幾完全注重日本之希望與其在東三省之實力，而將九一八以來事變之責任棄置不顧，為國聯公約、非戰公約及九國公約之尊嚴計、為國聯之威信計、為遠東及世界永久和平計，吾國均不能不要求國聯為必要之修正。

基於以上種種之考慮，竊意吾國政府對於報告書，應採取如下所示之態度與對策：

（甲）應取之態度：政府對於報告書中事實之陳述

部分，即第一章至第八章可以接受，至於第九、十兩章之建議，則須要求修正。在此項修正中，永久和平之樹立與九一八以來事變之責任應均顧及，且此兩事，實有其連帶關係。

報告書中關於樹立遠東永久和平之建議，如中日兩方撤除東三省軍隊互訂不侵犯條約之計劃和解及公斷計劃，雖使中國不免受重大之犧牲，如能出以適當之方式，使能確保和平，中國仍願以誠意考慮接受，以副國聯愛護和平之旨。

報告書既認九一八事變，非出於日方之自衛，其為日本有計畫的武力侵略，已無疑義，九一八事變以來之責任既如是確定，則解決方案斷不能直接或間接容認九一八以來，日本武力所造成之任何新情勢，或強迫中國接受九一八以來中日兩國條約上所無之義務，因以消滅中國之主權或行政之完整，調查團方案中所列建議，如關於顧問會議之召集，外國顧問之強制任用，中日鐵路之合併，永遠禁止排貨等項，或則默認日本武力所造之情勢，或則純為條約以外之義務，中國方面不能不要求廢棄或根本修改，中國方面對於東三省未來行政之改善，固具熱願與熱心，且亦願向國聯為隆重之宣示，但不能接受妨害其行政完整之國際拘束。

（乙）應提出之對策：中國政府認為解決東三省方案，在原則上必須恢復九一八以前之狀態，惟為永久和平及中日關係之改善計，中國可同意於下列三項計劃。

（一）撤除軍備及互不侵犯條約計劃，報告書中，中日兩方撤除東三省之軍備一項，在建議書本占極重要

地位，此項計劃之實行，在中國雖不免有重大之犧牲，但使確能保障永久和平，中國仍願以誠意考慮之，惟為輔助此項計劃，貫達目的起見，如僅由中日兩國訂立互不侵犯條約，而無他諸國參加保障，亦終無補於事，故東省軍備撤除計劃之實行，必須更附以一種保障公約，其性質須與一九二五年英、意諸國保障德、法國境之羅卡洛公約相似，凡與遠東和平在地理上或歷史上有關係諸國，須參加保障，成立一種保障中國國境之公約，必如是而後中國所受之犧牲或限制乃有其代價。

（二）和解及公斷計劃，設置中日和解委員會及公斷法庭，東三省舊狀恢復之後，一切糾紛乃至中日間條約及合同效力之爭執，分別交由和解及公斷機關解決。

（三）改善東三省行政，中國可向國聯聲明，當勵行東三省行政之改善，此項改善計畫當包含逐漸設立人民代表機關，實行中央地方均權制度及利用外國崇家之輔助等項，惟外國崇家之任免，必須照中國文官任免法令之所定，而不受任何關係條約之拘束，方不妨行政完整之原則。

七　羅外長對國聯調查報告書之宣言

民國二十一年十月三日

國聯調查團報告書業經公布，此乃李頓爵士與其同事諸君，數月來為國際和平而不辭勞瘁，堅苦工作之結果也。

吾人猶憶去年十二月十日國聯之所以決定派遣調查團，乃欲對於因日本侵犯中國領土而引起局面，貢獻一

最後根本解決之辦法。當白里安氏於是日提出派遣調查團之決議案於國聯行政院，以備其考慮並採納時，曾言：「調查團職務範圍，在原則上極為廣泛，任何問題足以影響國際關係而有擾亂中日兩國間和平，或和平所賴以維繫之兩國間諒解之虞，經調查團認為須加研究者，均不得除外。」故就調查團之職務而言，調查團所稱得審查一切有關係之事實，並得以和平解決辦法建議於國聯云云，固為完全正確之解釋。

試將報告書略加瀏覽，即覺有最顯明呈現之兩點，一為九一八日及九一八以後之一切日本軍事動作，均無正當之理由，不能認為自衛之手段。一為所謂滿洲國者，並非真正及自然之獨立運動所產生，而為日本軍隊及日本文武官吏操縱造作之結果。

報告書包含許多性質極重要之問題，現正在中國政府當局悉心考量之中。

第七節　國聯通過不承認滿洲國案

一　致電中國代表向國聯聲明否認滿洲國

外交部致日內瓦中國代表電

民國二十年十月二日

第六十四號，Sinodelegate Geneva：密。近據傳說日本嗾使東省樹立新政府，建設中和國，脫離國民政府關係，以袁金鎧等所組織之維持會為中心，協議東北新政權方針及吉林省已廢委員制各節，雖未證實，然在日方武力佔領之下，自可假借名義為所欲為，如果屬實，必

出於誘脅。本日經特種外交委員會決議，應即對外聲明，日軍未正式交還其所佔領各地方城市以前，當地如有不合法之組織，日政府應負其責，中國政府概不承認，除電駐外各使向駐在國正式聲明外，請即向國聯行政院正式聲明，並設法公布，外交部，二日。

外交部復國府文官函

民國二十年十月十七日

逕復者：頃經本月十二日函，以據東三省各界聯合總會支電，請速向中外宣布自遼、吉兩省被日軍侵佔之日起，所有地方官民對外締訂之合同契約及凡未受中央命令而設之政府，一律無效一案，奉諭交外交部等因，抄同原電函送過部。查此事業經本部於十月二日以近據傳說日本嗾使東省樹立新政府，建設中和國脫離國民政府關係，協議東北新政權方針及吉林省已廢委員制各節，應即對外聲明日軍未正式交還其所佔領各地方城市以前，當地如有不合法之組織，日政府應負其責，中國政府概不承認等語，迭電日內瓦施代表向國聯行政院正式聲明，設法公布，並令駐日蔣公使知照日政府暨駐歐美各使館向駐在國駐在地政府正式聲明，設法公布在案。准函前因，相應函復，即請查照為荷。此致國府文官處。

外交部復行行政院秘書處函

民國二十一年七月一日

逕復者：接准上月二十九日貴函，內開奉院長諭北平張

學良漾電,據江省馬主席銑電陳日人製造滿洲偽國,侵
奪東三省情形,請轉電中央宣示國聯,俾悉事實,作為
將來公判證據一案,應交外交部等因,除原電已據分致
不另抄送外,相應函達查照等由。查關於馬主席銑電,
業經本部於上月二十六日電行日內瓦顏代表轉送國際聯
合會,准函前因,相應函復查照,並乞轉陳為荷。此致
行政院秘書處。

二　致西姆斯牒文

顏代表日內瓦來電

　　　　　　　　民國二十一年九月十七日　十八時五十分發

南京外交部。本日致西姆斯之牒文,大意如下:自去年
九月十八日日本悍然公開對中國施行其暴力陰謀政策,
以求實現其久欲分割滿洲之野心,日本之暴行,日益加
厲,至今而有正式承認所謂滿洲國之舉。日本仍循對高
麗之先例,與傀儡政府訂立協定,設立事實上之保護國
為併吞之初步,倘該協定給予日本以駐兵與防護滿洲國
之權利,則遠東與世界之和平顯有立時之危險。關於偽
組織之真實性質如何,在武力佔據之後強行設立之情
形,中國業經一再通告國聯。八月八日,美國國務卿說
明對於日本之行動,國聯會員以及美國所取之態度(引
用演詞自「不顧此項努力日本已佔據全滿云云,引至大
會於其中宣布巴黎公約」止)。

日本最近所取之步驟,不啻在其破壞條約之政策加印自
承。日本蔑視九國公約、國聯盟約、巴黎公約,事實上
不啻事先拒絕李頓之報告書。該報告之目的,在於根據

當事方及國聯會員以及美國所負之條約義務，而建議公
正之解決辦法。中國現仍準備討論公正之解決辦法，並
歡迎該報告書視為必要之協助。現在時期已至，應考慮
國聯採取何種行動，以維持條約之尊嚴，以及尊重保持
中國領土完整、政治獨立之重要義務，中國當同意所延
長第十二條之期限時，詢係以大會主席宣言，雙方必須
自制，不得有防礙調查團，以及國聯努力成功之舉動為
諒解。中國代表當日並宣言其諒解，認為大會將不容忍
在延長期間有擴大事變之舉動，而承認滿洲國亦在擴大
事變舉動之中，請求國聯迅取行動，籌畫維持大會決議
案之方法。顏。四百〇一號。

顏代表日內瓦來電

民國二十一年九月二十二日
南京外交部。（第四百零九號），西姆士雖則反對日本
承認滿洲國之舉，然以為與其零星應付，毋寧現在將注
意力集中，以解決整個問題。渠對於我方主張，應由
十九委員會決定日本延期六星期之要求，而不由行政院
決定之，頗表贊同。我方之目的，當然在迫使日本承認
十九委員之權力。慶。

三　國聯各方面的意見
顏代表日內瓦來電

民國二十一年九月十七日　十八時五十分發
南京外交部。第四〇二號。下列為評論時局極有價值之
意見。日本之承認滿洲國原屬意料中事，與前此暴行性

質並無區別，所不同者程度而已，對於法律形勢並無影響。日本顯見之目的，在於造成一種無退步餘地之既成事實，作為不能退步之藉口，以應付世界之反響，此次或將出於其意料之外耳。特拉蒙假滿回日內瓦，認為日本繼續擴大事態，衝突不可避免。法國政府對日意見漸趨惡化，蓋因歐洲不安定之局面，維持國聯，傾向美國以保證和平之保障，有絕對之必要。英國仍取模稜態度，一部份人則宣傳一種可危之見解，謂滿洲與中國之分離可由李頓報告決定。是以，我方通牒注重申說美國與國聯會員決不承認滿洲國一點，早已載在紀錄，藉以表明此點已成過去問題，而況李頓報告或將增固我方地位，亦未可知。

四　日本在國聯所採取的行動

（一）請求緩議李頓報告書

顏代表日內瓦來電

民國二十一年九月十八日

南京外交部。（第四百零三號）據聞日本請求緩議李頓報告書，尊處意見若何？尊處是否欲召開特別大會？現在討論承認滿洲國問題，或寧願整個事件與李頓報告書同時討論，以免零星應付。據報紙稱，李維諾夫即將來此，以是尊處如有需商辦者，請予示遵。慶。

（二）強迫東北各縣出具擁滿證明書

外交部致日內瓦中國代表團電

民國二十一年十一月十八日

Sinodelegate Geneva：蘇炳文電北平稱：日方六次誘和，向置未理。又日方因李頓報告謂滿洲國成立非出民意，特派小磯來黑、強各縣法團出具擁護滿洲國證明書，業由偽省長捏造交出，遼、吉兩省同一辦法，彙寄日內瓦，圖矇國聯。外交部。

（三）丁士源分送滿洲獨立說帖

顏代表日內瓦來電

民國二十一年十二月五日　十二時五十五分發

第五百號，十二月五日。南京外交部。鐵道部於十一月十一日慶電，經如許時間，方予答復，現隴海及汴洛兩鐵路持票人，已發表宣言，斥責中國政府殊無誠意。慶業將該部來電，轉達北京，深望其能收若干之成效也。丁士源已於數日前抵此間，自稱滿洲國執政代表，分送關於滿洲獨立之說帖。有往謁丁，勸其改變此種惡拙之態度者，丁謂渠之來此，乃效忠故主，反對前政府云云。將繼續努力，加以勸導。慶。

顏惠慶日內瓦來電

民國二十一年十二月六日

南京外交部。五百〇四號，昨接丁士源以偽國總理代表名義，逼送偽國獨立史。該函略謂：偽國係反對張氏私產政而成立，以對內維持秩序、對外維持和平為宗旨，

其發達與繁榮有裨世界和平及民族幸福,希望閱者了解等語。書中內容與偽國送調查團者相同。惠宣。十九、二十一未到。

十九、二十一兩電未到原因已向電局查詢,電報科註。

顏代表日內瓦來電

民國二十二年二月一日　十六時四十分發

南京外交部。二月一日,第四十九號。國聯因日方之要求,將滿洲國文件分送各會員,內有白朗生雷爾(Bronson Rea,前遠東時報主筆現偽國顧問)之函,並附信五百八十六封之目錄,以表示偽國之成立,係根據人民之願望。慶對此事已提出抗議。報告草案,昨日修正結果,有利於我方原案第一、第二兩部,改為第二、第三部,新加序言一小節,最重要之點,為通過承認調查團報告書首八章,為此次爭執歷史背景主要事實平衡,不偏完全之陳述。建議將包含於第四部中,俟一日十九委員會開會後起草。第二部詞句方面有所改進,將上海、山海關調解各節引長,並附日方提案及中國修正案於後。(昨聞)關於抵貨一節,即第三部第六節是亦加修正,認九月十八日以後之抵貨為有理由,又第八節關於自衛者,引用李頓報告之語句,其措詞使在當地日本軍官假定之說失其力量。慶信英國在日內瓦與東京活動意求延宕,使無誠意之調解仍有再行討論之餘地。已再致函十九委員會,敦促規定最後報告之日期;根據盟約與實際兩項理由,關於後者,係以一月三十一日尊電第九十二號為藍本。起草委員會本日開會,預計大會將

於下星期底開會，減軍會議明日開會。李維諾夫下午抵此。顏。

五　友邦提出不承認滿洲國草案
顏代表等日內瓦來電

民國二十一年十一月十九日　十四時二十七分發

南京外交部。十一月十九日，第四百六十四號。下列決議草案，將由友邦代表提出，迫使通過不承認「滿洲國」之決議案。

（一）國聯大會申述國聯盟約第十二條之條文，知悉報告書所稱和平方法並未用盡，日本軍事行動並非自衛一節，以為日本在東省及上海之行動，與日本依據盟約第十二條應負之義務，互相牴觸。

（二）國聯大會申述國聯盟約第十條之條文，知悉報告書所稱中國廣大領土為日軍割據佔領，且知悉滿洲政府並非獨立運動，乃由日本軍隊暨日本官吏一手造成。國聯大會因是認為日本政府對此種違反盟約第十條之行動，應負責任。

（三）國聯大會申述凱洛格公約第二條之條文，以及日本承認滿洲國之事實，知悉日本屢次宣言謂滿洲局面以經滿洲國之承認而得解決，並舍以容納滿洲國為根據外，不必進行交涉。國聯大會因是認為日方之行動，與日本依據凱洛格公約所應負之義務，互相牴觸。

（四）國聯大會申述盟約引言以及九國公約第一條之條款，以為日方自一九三一年九月十八日以來之行動，與日本依據該項條約所應負之義務，互相牴觸。

（五）國聯大會鑒於一九三一年九月十八日以來所生事變，使中國政府之建設事業，益增困難，茲特聲明決定繼續予中國以其所企求之技術上之援助。如中國政府將該項建設問題，提出於世界經濟會議，或以其他方法提出之，使成為國際問題，則國聯大會當認為係屬具有重要性之急切問題，從事處理之。

慶等以私人意見，聲明上述五節其結束均嫌太弱，第五節，殊易引起誤會，並無實際助益，徒資日方以轉移目標之機會，故以刪去為宜。慶等擬修改各項如下：

（一）於第一節末段，增添日本政府對中國人民生命財產之損失，應負責任。

（二）於第二節末段，增添國聯會員國請行政院議訂辦法，以維持盟約第十條之尊嚴。

（三）於第三節末段，增添不承認主義，應嚴格予以實施。

（四）於第四節末段，增添九國公約簽字國因此加以勸告。

（五）將第二段與第三段之次序顛倒（？）並增添「或任何其他中國所需要之援助」，意指借款軍火以及材料等等。此外，再添一節，即國聯大會深覺關係遠隔之嚴重，申述各會員國在盟約下所應負之義務，請十九委員會依據盟約第十五條，在某確定日期以前，公布報告，並經諒解，即決議案遇有反對，各簽字國將不予收回。慶等相信欲即時獲得最後報告，殊非易易。不過，我方之堅持，將使第一次國聯大會產生較為強有力之決議耳。茲因日方意見書付印之稽延，行政院大約在星期三

方開始舉行討論。慶。

中國代表團日內瓦來電

民國二十二年五月十日　三時五分發

南京外交部。第二百〇八號，五月九日。關於不承認滿
洲國之辦法，現秘書處已備具一種秘密之初步報告書，
共分六章要旨如下：

第一章

關於國際公約問題，計分四部，又附件一：

第一部　關於加入設立國際協會及國際公署之國際公約

（一）查得加入上述各國際公約者為「國家」或「政
　　　府」。惟偽國郵政協會不在此例，因內中係用
　　　「地方」字樣，並載有「所有」、「殖民地」、
　　　「附屬地」諸字樣也。

（二）加入辦法或出諸單方行動，或附有條件，或以他
　　　種辦法，惟未載明加入手續。關於最後一類並
　　　無建議。關於附條件之加入，各國應根據大會
　　　報告書。對於滿洲國拒絕容納，至遇單方提議
　　　加入時，欲建議因採手續如下：

　　　凡接到加入請求書之國家，應通知該公約各簽字
國，並將請求書提交各該國簽註意見，如此辦理，庶
國聯各會員國得發表意見，不予贊同，以阻礙滿洲國
之加入。接到請求書之國家，即可將此種意見作為根
據，繕具答復。

第二部　關於加入政治性質或人道主義之國際公約

提議採用同樣協議辦法。

第三部　關於加入在國聯翼護下所訂立之國際公約

（一）加入此類公約大半須經大會行政院或各項專門機
　　　關之決定，故無須作任何之建議。

（二）關於得以單方行動加入之公約，各國或秘書長
　　　於接到加入文件時，應即提詢國聯各會員國及
　　　其他各簽字國之意見；惟滿洲國如以繼承前屬
　　　中國版圖某部分領土者之資格向秘書長表示，
　　　對於中國政府已經簽字之某種公約自願受其約
　　　束，遇此種情形時，似以不予反對為宜。

第四部　關於加入國際勞工組織所草擬之公約

　　　該項公約僅以該項組織之會員國為限。

附件

　　　關於加入以政府委員組織，並非由多方公約構成
之各國際委員會及各國際會社。此種組織若國際鐵路
大會及協會、國際航業協會其加入並不發生「事實承
認」問題。

第二章　郵票與郵政

　　　（一）摘述萬國郵政公署來函表示，欲加入萬國郵
政聯合會之新國家，得決定投遞寄往外國之函件無須經
過何種正式手續，祇須遵守顏色及式樣，並將郵票三全
套分送其他各國郵務機關等等。

　　　（二）轉載一九三二年七月二十四日中國代表團致
秘書長函，將其作為附件。

第三章　貨幣

此章敘入秘書廳財政司司長之來函，據稱：關於阻止承認滿洲國貨幣一節，實無有效之辦法。但各國政府可實踐其所作之聲明，對該項貨幣不擬承認，並請各該國商人亦予否認。至有言有外滙市場之國家，其政府可以採取相當辦法，對於滿洲國貨幣不予開價交易。

第四章

關於滿洲國當局所給讓予權之接受問題，會員國之人民在滿洲與任何人成立包工契約或接受讓予權（此下一字AENUX 電碼不明），無須加以禁止，蓋此種行為並不能作承認滿洲國解釋。惟參加委員會之各國，鑒於保護此類權利之困難，似可自行決定應否勸告其本國人民勿在滿洲接受此類讓予權利。

第五章　滿洲國當局所發之護照

此章一方面指出，簽發護照為政府行為，確無疑義。一國政府既未承認滿洲國，則滿洲國所發之護照，自不得任其代表機關予以簽證。但一方面，則建議謂滿洲居民如欲前往外國，亦不妨利用此項滿洲國當局所給予之文件。至外人之欲至該地者，亦可向駐於經過地方之或在滿洲國邊境滿洲國人員取一特別文件，以求實際上之便利云云。此種考慮，適用於普通護照，尤著重外交護照與簽證。

第六章　領事

（一）在滿洲復設領事對於報告書並不發生窒礙。

（二）遣派領事不能視為承認。

（三）關於某某國家派遣駐華領事，無須中國發給領事證書者，則政府於派遣駐滿領事時，亦可根據此種特殊之法律情形，必要時並可引用在中國某數部份之先例，如廣東省前此亦曾有時不承認中央政府。

全文副本準明日以航空快郵寄上。聞此項報告將於明日在分組委員會議討論，此間已正起草意見，至盼訓示。

日內瓦中國國聯代表團來電

民國二十二年五月十日　二十二時四十七分發

南京外交部。第二百十號電，五月十日。關於討論不承認偽組織問題之小組委員會，今晨討論所擬報告書，內容已於昨日摘要電告。有若干點現已向各國當局或政府採詢意見，以資參證，並另提議，加入數點，如藥品販賣條約亦在其內。小組委員會將再會集，其報告將提交諮詢委員會作最後之批准，然後轉交國聯會員。金專員曾訪愛爾蘭及那威代表，談及中國代表是否將被請發表意見，愛爾蘭對此贊同，那威方面提議此事須由中國方面自行提出。近來要事迫急，每日與顧公使傳通消息。

致日內瓦代表團去電

民國二十二年五月十一日

日內瓦中國代表團，五月十一日，第三百〇五號。關於

否認偽組織辦法之報告，此間因時間忽促，研究之下，有下列簡括之意見：

（一）既云事實上、法理上不予承認，則其合理之結論，應曰滿洲國不能在國際關係上成一實體，該偽組織既非國家，亦非政府，或所有地、殖民地附屬國等等，不過一非法之組織而已。是以不能成為任何國際公約之一方。對於萬國郵會亦然，協商提案一層似無必要，反足使一毫無疑問之事件發生辯論。滿洲始終為中國之領土，滿洲國無論如何不能被認為法律上，或事實上之承繼者，一切公約中國之簽字係代表整個中國，包括滿洲在內，各該公約所發生之義務與權利，其主體自為中國政府。

（二）關於讓予權一節，各國政府何以不能照對於貨幣之辦法，亦勸告本國人民不與滿洲國成立契約關係，並宣言不予保護。

（三）關於護照，各國政府如承認滿洲國代理人，何能謂不承認滿洲國本身，殊不可解，此項代理人所發之通行證，似與土匪所發通過匪巢之證書無異。

（四）派遣新領事而與不承認之原則之說，亦不可解，與某數國家條約關係無庸領事證書之說確，單方委派之說不然，蓋新領抵任須通知中國政府，中國自行發給領事證書，以廣東為例亦屬不合，蓋反叛或準反叛之情形與外國侵略所造成之局面，兩者必須判別，有國際公法新原則為據。

上述各點或當有更改擴充之處，但目前可作兄等起草意見書時之參考。

條約委員會的報告

民國二十二年五月十五日

查此次顧問委員會關於不承認方案草擬之初步報告書，日內瓦代表團電呈本部各節，本部業已痛予糾正，電復該代表團以便參考，提出意見，重要各點部電已包括無遺，茲將管見所及，臚陳於左：

一、統觀初步報告書各節，不承認方案似有一普通原則，即凡照國際法可構成承認者，顧問委員會建議對於「滿洲國」絕對嚴格，毫不通融。惟照國際法不構成承認者，該委員會並不建議對於「滿洲國」加以嚴拒，殊不徹底。例如國際公約構成之國際協會及局所，須以國家資格參加者，該委員會建議「滿洲國」不得參加，是為不承認方案應有之辦法，姑不具論，其不必有國家資格而可參加者，如萬國郵政協會，該委員會並不主張拒絕「滿洲國」。其以單方行動可請求參加者，該委員會主張國聯會員國得設法制止，而「滿洲國」以中國原有領土繼承人之名義，以單方行動請求參加中國曾經簽字參加之國聯主持之國際公約，則不便反對一節，關係尤為重大，是顧問委員會雖不承認「滿洲國」具有法律地位，而心目中則未能視「滿洲國」如無物，且明白以屬地保護國等名詞相提並論，於我國極為不利，宜速設法糾正之。

一、中國郵局之在東三省者，因日本武力干涉不能行使職權，然東三省之仍為中國領土，乃國聯大會所承認，不應容許此地域內發行郵票，通用於國際間而破壞中國行政完整。

一、國聯勞工局下之各項組織，如國際鐵路協會、國際航空協會，加入與否雖不構成承認問題，然中國領土內鐵路或航空組合，非經中國政府代請加入者，不應許可，東三省為中國領土不得視為例外。

一、禁止承認「滿洲國」貨幣殊鮮有效辦法一節，雖係實際問題，惟會員國於宣言各該國政府無意承認是項貨幣之外，應行警告國內商人以冀收有實效。原文所用 request 字樣，殊欠切實。

一、關於各國人民在東三省因讓與而發生契約關係一節，顧問委員會各委員應建議於各本國政府取一致態度，勸告各該國人民勿發生是項關係。

以上所陳各節，是否有當，謹乞鈞裁。謹呈部、次長。

條約委員會　謹呈　五月十五日

六　國聯通過「不承認滿洲國」案

（一）不承認案的通過

顏代表日內瓦來電

民國二十二年六月七日

六月三日，三百卅六號，諮詢委員會，小組委員會開會通過不承認「滿洲國」之報告書。該項報告書之內容，前已電達在案。禁止「滿洲國」參加阿林匹克運動會，及臺維斯錦標網球賽，曾提出討論，最後予以刪除。該項報告書，於下星期經全委員會通過後，將分送國聯會員國各政府。

代表團日內瓦來電

　　　　　　民國二十二年六月七日　十六時五十三分發

南京外交部。六月七日。第二百三十九號。今晨委員會
全體通過關於不承認問題之報告書，文件內容刪簡不
少；關於制止偽國加入各種國際公會一層（包括郵政公
會在內）規定更為明確，將「滿洲國」作為中國一部份
領土之繼承人一段亦予刪去；關於讓予權一節應各使本
國人民注意，因保護之困難及中國政府對於其效力之態
度，此種事業所具之特別冒險性，領事應避免寓於有承
認意旨之行為。全文今日另由航郵寄上。

（二）關於不承認「滿洲國」的辦法

國際聯合會全權代表辦事處來電

　　　　　民國二十二年六月二十七日到　聯字第六十四號

為呈報事，特別大會顧問委員會之分委員會所草之關於
不承認「滿洲國」辦法草案，業經顧問委員會通過，除
於本日電達外，理合將該草案檢寄一份，呈送鈞部鑒
核。再聞該草案於通過時，文字上略有修改，一俟正式
印本收到後，當即補送。謹呈外交部。

　　　　　　　　　　　　　　　處長　胡世澤　謹呈

國聯秘書長特拉蒙致外交部長函

　　　　　　　　　　民國二十二年十二月二十二日

逕啟者：大會二月二十四日所組織之諮詢委員會六月七
日會議決定，除已將關於中日糾紛之大會報告分送外，
茲再將後附關於不承認滿洲國辦法之通告一份，分送國

聯會員及非會員國鑒閱，專此，順頌日祉。

特拉蒙

關於不承認「滿洲國」之辦法

照一九三三年二月二十四日，大會議決案大會指派本顧問委員會以研究遠東之情勢，協助大會依據盟約第三節第三條執行職務，並以此目的幫助國際聯合會各會員國共同畫一行動態度及與非會員國畫一之。

本顧問委員會知悉，按照二月二十四日大會所通過報告第三段第四節「國際聯合會各會員國對於滿洲現組織，不得有任何行動可以展緩該報告所具不承認案之實施，各會員國應繼續不承認該組織為合法組織或事實組織。關於滿洲之情勢，各會員國不得取任何單獨行動，應繼續畫一行動，且與非會員之關係各國畫一之。」

本顧問委員會以為宜研究不承認滿洲現組織之結果，可以牽涉各國政府之問題，是以關於此事請各會員國注意，於下列應由其分別採取辦法之必要，抑又有聲明者，就顧問機關之職責，凡在顧問條款之範圍以內，所有調查任何關涉之問題，本顧問委員會仍聽各會員國之指揮。此種問題，各會員國可囑顧問委員會加以研究，以期貢獻其意見於各會員國，並提出畫一行動於各該國政府。

本顧問委員會現經調查之各問題如下：滿洲現組織之參與國際公約問題、郵政與郵票問題、國際不承認「滿洲國」通貨問題、外人接受滿洲讓與權利或聘用問題、護照問題、領事地位問題，按照日內瓦雅片公約

（一九二五年），限制公約（一九三一年）適用進出口
貨海關驗單制度問題。

　　一、既決定繼續不承認滿洲現組織為合法組織或事
實組織，則國際聯合會各會員國對於「滿洲國」如果表
示欲加入某種國際公約，則應就其權力所及採取種種辦
法，以阻止其加入，殊屬明甚。此種公約有造成國際聯
合局所者，對參與此種聯合團體非加入創設該團體之公
約不可也。

　　本顧問委員會對於各種國際公約已加以研究，其目
的在如何使國聯會員國可以按照國聯大會之建議，而有
所動作（如「滿洲國」表示願加入此種公約）。根據此
種目的，國際公約可分為下列數種：

　　甲、限制公約。加入此種公約須向各簽約國諮
詢，國聯會員國可以根據國聯大會建議而拒絕「滿洲
國」之加入。

　　乙、公開公約。此種公約規定國家可以單方行動加
入，但因「滿洲國」之特殊情形，及國聯會員國對該組
織所取之態度，本委員會建議凡收存加入證件之國家，
應先向該約各簽約國諮詢意見（如「滿洲國」有加入之
表示）。關於各該公約之一種或多種為收存加入證件之
國家，諮詢該約各簽約國，則國聯會員國而兼為該簽約
國者，可根據國聯大會建議，對於滿洲國之加入加以反
對，收存加入證件之國家亦因咨詢之結果，對請求加入
之國家可以根據各簽約國之意見而加以答覆。

　　關於下列公約如有事實發生，須向各簽約國咨詢
之政府為比利時、西班牙、法國、義大利、荷蘭、瑞

士等：

比利時：

　　一九一三年十二月三十一日，簽訂關於設立國際商
　　業統計局之公約。

　　一八八六年三月十五日，簽訂之國際交換政府公報
　　及科學文學刊物公約（國際交換組織）。

　　一八九〇年七月五日，簽訂之國際稅則公布局公約。

西班牙：

　　一九三二年十二月九日，在馬德里簽訂之國際電信
　　公約。

法蘭西：

　　一九一九年十月十三日，在巴黎簽訂之航空規則公
　　約（第四十一條）。

　　一九二八年十一月二十二日，在巴黎簽訂之國際賽
　　會公約。

　　一九二四年一月二十五日，在巴黎簽訂之設立獸類
　　傳染病管理局公約。

　　一九二七年十月二十九日，簽訂之設立國際化學局
　　公約。

　　度量衡公約，一八七五年五月二十日簽訂，
　　一九二一年重訂關於設立國際度量衡局。

　　一九二六年六月二十六日，在巴黎簽訂之衛生公約。

義大利：

　　一九七〇年十二月九日，在羅馬簽訂之設立國際公
　　共衛生局協定。

荷蘭：

海牙第二次和會簽訂各公約（一九〇七年）。

一九一二年一月二十三日，在海牙簽訂之雅片公約。

一九三三年，簽訂之國際航空衛生公約。

瑞士：

保護實業財產公約（設立以保護實業財產為目的之國際組織第一次公約，簽訂於一八八三年，改訂於一九二五年）。

創設國際保護文藝美術作品之公約（該公約於一八八六年九月九日簽訂，於一八八六年曾加修正）。

萬國郵政公約（最近曾於一九二九年六月二十八日在倫敦加以修正）。

關於改善戰役中傷病人員處境之日內瓦公約（即紅十字會公約）。該公約係於一九二九年七月二十七日在日內瓦簽訂，即關於待遇戰時俘虜之公約。

關於非戰公約（即巴黎公約），美國政府所處之地位，可認為與其他國際聯合會會員國而收存各公約者，所處之地位相同。

丙、由國際聯合會主辦之公約。此項由國際聯合會主辦之公約，大抵按照國際聯合會行政院決議，都容許其他國家續行加入，故無須加入在先之國家另有行動。

關於此項容許續行加入之公約，國際聯合會秘書長應拒絕「滿洲國」之加入。至關於監督銷售軍械軍火公約，及禁用毒氣公約，則遇有必要應由法國政府徵詢各參與國政府之意見。他如和平解決國際紛爭之海牙公約組織、常設國際法庭公約，均各載有加入之

條款，含有當然排除「滿洲國」之效力。至加入手續須依照國際聯合會行政院決議之各公約，則參與在先之各國政府無須另有任何行動。

此外對於一切不依照國際公約而設立之國際委員會及協會，本顧問委員會亦曾就其組織法加以審查，結果認為此項國際委員會及協會，既不依照國際公約而設立，則無論任何公立機關取得加入資格，派員列席，均不能因此而認定該公立機關業已取得法律上的承認。又如此項國際委員會及協會，對於普通行政機關及私人團體亦一併容許參加，則某公立機關即派員列席，亦自不得視為取得事實上的承認。但即以此種情形而論，國際聯合會會員國之參與此項國際委員會或協會者，仍以盡量防止「滿洲國」代表之參與為宜。

二、關於郵政事項。中國代表曾於一九三二年七月二十四日，依據萬國郵政公約第二十七條規定，請萬國郵政聯合會通告各會員國如左：

（1）一切滿洲郵政暫行停辦。

（2）一切寄往歐美之郵件，嗣後將分經蘇彝士運河及太平洋送達，中國政府請各會員國之郵政機關，對於寄往中國之件，亦採取同樣之途境。

（3）傀儡政府所發行之郵票，一律無效。凡貼有此項郵票之郵件、包裹，應另征郵費。

茲姑置上項建議之內容於不論，而僅請國際聯合會各會員國於發生「滿洲國」加入萬國郵政公約問題之時，注意二事。此二事為何？即「滿洲國」原非萬國郵政聯合會會員，及中國政府曾有上項建議是也。

三、通貨問題，既經考慮後，本顧問委員會決認國幣係國內法律所產生，而其實際利用，確與國際間買賣之任何有價物事相同。本委員會以為不宜提議各國政府應立法禁止「滿洲國」錢幣之交易，惟亟欲促有國外滙兌交易之各國注意者，厥為採取任何有用方法，俾免接納滿洲國錢幣之正式行市是也。

四、案照大會根據盟約第十五條第四項所採之報告，並不禁止國聯會員國之國民與滿洲境內之任何人訂立合同，或接受該地官吏之讓與權或委任，惟因接受該項讓與權或委任而發生特殊危險，各會員國是否以為有促各該國民之注意一層，本委員會以為應就各會員自決。鑒於大會報告所產生之地位，與在中國當局對於在現況下，由滿洲當局獲得之讓與權或委任是否有效之態度，各國政府似可將保護該項國民之困難加以申說也。

五、本委員會認為凡於法律上或事實上，未承認滿洲國內現有政治之政府，當不能認滿洲當局所發生文件為護照。因此，不能准其代表簽證該項文件。在對方論略謂在滿洲國當局轄境之居民之欲出洋者，不得向所欲往之國家之領事領取證明文件，則亦殊無理由。此項辦法，過境國亦可採用，惟事實上過境國之官吏或願簽證目的國官吏，所發之證明文件也，領事官自須查明請求人之真偽。因此而利用滿洲國當局所發而自稱為護照之文件等等，自屬合理。以上各種考慮非惟可用於尋常護照，即外交護照與外交或尋常護照之外交簽證，其效力尤大焉。

六、本委員會認為各國聯會員國在必要時，可於不牴觸大會所採之報告之原則下，作更易其在滿洲境內之

領事之准備。在現況下，派遣領事不含承認滿洲國之意義。緣該項代表實為呈報政府與保護僑民而設也。尤有進者，依照大會建議，各政府應警告其領事，須竭力防免一切可使人認為顯明或暗示，彼等認在滿洲境內所設之當局係當地合法政府之表示。各政府在滿洲派遣領事官時，可以其在華之特殊法律地位為標準，而於必要時可援中國某部之先例，如廣州是，蓋該處當局有所未承認中央政府之權力也。

七、關於一九二五年日內瓦雅片公約第五章，本顧問委員會向國聯會員國及非會員之關係各國建議，除非請求人按照該公約呈驗其進口驗單，證明該貨之輸入「滿洲國」境內並非為違背該公約之用途品，使受請求政府滿意者，則對於雅片及他項毒藥品出口前往「滿洲國」境內之請求，概不得批准之。出品核准狀之抄本，應粘附交託貨物單。但受請求之政府不得再寄送此項核准狀之抄本於「滿洲國」，緣此舉可以解釋為事實上承認「滿洲國」也。

國際聯合會全權代表辦事處呈文

　　　　　　民國二十二年十二月二十二日　聯字第一五五號

為呈報事，准國聯秘書廳送到關於「不承認滿洲國辦法」各國之答復撮要通函一件。理合譯成漢文，連同原件，寄呈鈞部鑒閱。謹呈外交部。

　　　　　　　　　　　　　處長　胡世澤

不承認滿洲國辦法

按照一九三三年二月二十四日特別大會之議決案，由大會指派一顧問委員會，以觀察是後中日糾紛之情勢，及便利大會施行盟約第三條第三項之職務，並以同一目的協助國聯會員國間及非會員國，採取一致行動一致態度。顧問委員會於六月七日通過「不承認滿洲國辦法」之佈告一通，向世界各國建議，無論在法律上或事實上，均不承認滿洲偽國之組織（全文已由外交部情報司譯出）。由國聯秘書長於七月十四日函轉國聯會員國及非會員國。現該秘書長收到各國對於該佈告之答復多起，特印成通告通知會員國及非會員國，茲照譯如下：

關於不承認「滿洲國」之辦法，業經秘書長於一九三三年六月十四日備函（CI 一一七號），通知國聯會員國及非會員國，茲謹將各國對於該函之答復撮要如下：

一、列席顧問委員會各國政府之通知（註一）

秘書長致列席顧問委員會各國政府公函如次：「草擬佈告之顧問委員會，貴政府亦經列席，倘貴政府未予否認，則該委員會認為其所建議之辦法，必經貴政府採納。」

英政府七月十三日答復，謂該佈告第一部（乙項）關於公開公約一段，似缺漏兩約，即：

（一）一九二九年五月三十一日，倫敦簽訂之國際海上人命安全公約。

（二）一九三〇年七月五日，倫敦簽訂之載額公約。

墨西哥政府七月十九日答復，謂本其對於中日問

題所採之政策，所建議關於不承認滿洲國辦法各節，
願予照行。

美公使威爾遜通知秘書長云：美政府所持不承認滿
洲國原則之態度，始終未變，對於顧問委員會之結論，
除少數細節外，皆予同意；而美政府所採之辦法，在實
際上除些須細節外，均與顧問委員會所建議者相同。

二、國聯會員國之未列席顧問委員會者之通知

秘書長致未列席顧問委員會會員各國政府公函如左：

「顧問委員會以中日問題之各項建議，已載入大會
報告，深信貴政府必能採納佈告中建議之辦法。貴政府
之決定如何，乞早示復為感。」

古巴、委拉瑞拉、海地、哥倫比亞、尼加拉瓜等國
政府，對於建議各節，答復或謂已查照備案，或謂正加
考慮。

印度政府九月十九日知照秘書長謂：關於此事將與
英政府取同一態度。

暹羅政府九月二十七日之通知謂，暹羅與滿洲素
無關係，故暹羅政府對於該項建議之辦法，並不直接
注意。

三、非會員國之通知

按照顧問委員會之決議，其通告應一併照送，凡已
送有大會關於中日問題報告之各非會員國。

埃及政府八月二十二日通知謂：已將二月二十四日
大會報告及顧問委員會佈告備案，埃政府對於此事將
與國聯會員國採用一致行動云。（註一）秘書長發CI
一一七號公函時，列席顧問委員會之國名如左：德意

志、比利時、英吉利、坎拿大、哥倫比亞、西班牙、法蘭西、瓜地馬拉、匈牙利、愛爾蘭、義大利、墨西哥、挪威、荷蘭、巴拿馬、波蘭、葡萄牙、瑞典、瑞士、捷克、土耳其，美國之列席僅限於美國國務卿三月十一日函內所列各條件。

（三）顧問委員會討論修正草案

顧公使日內瓦來電

民國二十三年五月五日

南京外交部，第三號，五月十四日。第一號電計達尊鑒。秘書廳提交顧問委員會星期三會議討論之修正草案，要旨如下：

該草案於敘述「滿洲國」既非國際郵聯會員，亦不得加入郵聯為會員。後續稱：查六月十四日之報告書，顧問委員會之意，非謂大會議決案禁止轉遞路程經過滿洲之郵件，而國聯會員國之主管機關，為實行此項通過運輸起見，所採取之實際辦法，苟非對於滿洲現政體寓有事實，或法律上

承認之意義，不能視為與上述決議案相違背，是以顧問委員會以為：一、關於「滿洲國」郵政機關，與國際郵聯會員國郵政機關之關係，「滿洲國」郵政機關不能援用萬國郵政公約，因此項公約不適用於本案也。二、大會決議案暨顧問委員會建議案，不能解作阻止國聯會員國之主管專門機關，採取任何臨時辦法。該項辦法，既非根據國際公約。又非涉及締結國際公約，亦非利用因國際公約，而成立之組織，在彼等意見之中，在現在情

形之下，為使路程經過滿洲之郵件，得以轉遞起見，似屬合宜者，倘因此項辦法，而使國聯會員國之郵政機關，及滿洲國郵政機關發生關係，此種關係，只能視為一機關與他機關間之關係，其目的純係圖專門事務之適當進行，並非一國家或一國政府與他一國家或他國政府間之關係也。

為避免上述關係之專門性質，將來或致引起一種含混不明之狀態，計爰特別建議，嗣後國際聯合會員國郵政機關，如與「滿洲國」郵政機關來往公文，則公文中第一次須載有確切之聲明，說明此種文件不能視同一政府與他政府間往來之文件。尊見如何，請速電復。維鈞叩。

民國史料 20

近代中日關係史料彙編：
滿洲國的成立與國聯對
日本侵華的處理

Historical Documents on Modern Sino-Japanese
Relations: The Creation of Manchukuo and the
League of Nations Reaction to the Japanese
Invasion of China

編　　者　民國歷史文化學社編輯部
總 編 輯　陳新林、呂芳上
執行編輯　林育薇
文字編輯　王永輝
美術編輯　溫心忻
排　　版　溫心忻、盤惠秦

出 版 者　🛡 開源書局出版有限公司
　　　　　香港金鐘夏慤道 18 號海富中心
　　　　　1 座 26 樓 06 室
　　　　　TEL：+852-35860995

　　　　　🌼民國歷史文化學社有限公司
　　　　　10646 台北市大安區羅斯福路三段
　　　　　　　　37 號 7 樓之 1
　　　　　TEL：+886-2-2369-6912
　　　　　FAX：+886-2-2369-6990

銷 售 處　深流成文化 股份有限公司
　　　　　10646 台北市大安區羅斯福路三段
　　　　　　　　37 號 7 樓之 1
　　　　　TEL：+886-2-2369-6912
　　　　　FAX：+886-2-2369-6990

初版一刷　2020 年 3 月 31 日
定　　價　新台幣 350 元
　　　　　港　幣　90 元
　　　　　美　元　13 元
I S B N　978-988-8637-57-7
印　　刷　長達印刷有限公司
　　　　　台北市西園路二段 50 巷 4 弄 21 號
　　　　　TEL：+886-2-2304-0488